Choisis la vie !

Anselm Grün

Choisis la vie !

Le courage de se décider

*Traduit de l'allemand
par Corinna Gepner*

Albin Michel

Albin Michel
■ *Spiritualités* ■

*Ouvrage publié sous la direction
de Jean Mouttapa*

© Éditions Albin Michel, 2012
pour la traduction française

Titre original :
WAS WILL ICH ?
© Vier-Türme GmbH Verlag,
Münsterschwarzach, 2011
Tous droits réservés.

Introduction

Choisis la vie

AU COURS de mes séminaires en entreprise, on me demande souvent d'expliquer comment se prennent les bonnes décisions. La plupart des cadres et des responsables se sentent sous pression parce qu'on les oblige constamment à décider, à faire des choix. Cette contrainte permanente leur coûte une énergie considérable. Pour d'autres, la difficulté tient au fait même de décider. Ils ont besoin de temps, ils veulent absolument prendre la bonne décision. Du coup, ils doutent et s'interrogent. Alors ils cherchent comment faire pour apprivoiser le processus de décision et effectuer des choix judicieux. Ce qui les intéresse avant tout, c'est de savoir reconnaître la justesse d'une décision et de trouver des exercices permettant de trancher lorsque plusieurs voies paraissent également praticables.

Toutefois, la notion de décision ne concerne pas seulement les projets concrets que nous formons dans la vie et le

Choisis la vie !

domaine professionnel. À chaque instant de notre existence, en effet, nous sommes amenés à décider si nous voulons être des victimes ou les acteurs de notre vie. Nous avons le choix entre la plainte et le changement, la colère et le calme intérieur, le malheur et le bonheur.

Un grand nombre de livres publiés à l'heure actuelle nous donnent l'impression que tout dépend de nous, qu'en optant pour des pensées et des sentiments positifs, nous manifestons notre capacité à nous créer nous-mêmes. Ce point de vue me paraît exagéré. Cela dit, il n'est pas non plus dénué de pertinence dans la mesure où nous sommes effectivement responsables de nos pensées et de nos sentiments face à ce qui nous arrive.

Il dépend de nous de nous prononcer pour ou contre la vie. Dans la Bible, Dieu sommait déjà Israël de choisir entre la vie et la mort : « Je te propose la vie ou la mort, la bénédiction ou la malédiction. Choisis donc la vie, pour que toi et ta postérité vous viviez […] » (Deutéronome 30, 19)[1].

Cependant, choisir la vie ne consiste pas à prendre une décision fondamentale, qui serait valable une fois pour toutes. C'est à chaque instant de notre existence que nous avons à décider en faveur de la vie. En termes religieux, cela revient à se prononcer à chaque instant en faveur

Introduction

de Dieu, c'est-à-dire d'une vie qui soit conforme à sa volonté.

Il y a les grandes décisions de l'existence : se marier ou non, choisir un métier, changer d'emploi et de lieu d'habitation, divorcer ou rester ensemble… Et il y a les décisions quotidiennes, qui concernent les achats à faire, les actions à entreprendre, les tâches à régler, les réponses à apporter aux demandes des enfants… Sans cesse nous sommes confrontés à la nécessité de prendre des décisions. Souvent nous agissons sans vraiment réfléchir. Or il n'est pas inutile de s'interroger sur ses choix et sur la façon d'assurer les petites comme les grandes décisions de manière à être en accord avec soi-même.

Dans les pages qui suivent, j'aimerais exposer quelques réflexions sur la décision et le processus de décision. Comme toujours, dans un premier temps, je demanderai à la Bible quelles réponses elle apporte à ces questions avant d'aborder le sujet du point de vue spirituel et psychologique. J'ai écrit ce livre en pensant à ceux qui m'ont fait part de leurs difficultés et je me suis inspiré de leurs doutes et de leurs interrogations. Certains d'entre vous souhaitent peut-être associer Dieu et le Saint-Esprit à leurs décisions sans avoir les mots pour le faire. Je propose donc, à la fin du livre, des prières qui renvoient aux différents aspects traités

Choisis la vie !

et qui, je l'espère, constitueront pour eux une source d'inspiration.

Je vous souhaite à tous de trouver dans ces pages une aide concrète à vos difficultés.

1

La décision dans l'évangile selon saint Luc

P HILOSOPHIE et mythologie grecques constituent l'arrière-plan de l'évangile de Luc. Pour les Grecs, la question de la décision était fondamentale. C'est ainsi que dans la légende d'Héraclès se trouve un épisode intitulé « Héraclès à la croisée des chemins » : le héros doit choisir entre la voie de la volupté et du plaisir, et celle de la vertu (*arété*, en grec). Par cette légende, les Grecs signifient la nécessité où nous sommes de choisir entre la facilité et la difficulté, le plaisir superficiel et la vertu qui conditionne le succès de la vie. Sans préjuger de l'issue de nos efforts, nous devons commencer par choisir notre voie : celle qui mène à l'abîme ou celle qui nous promet la vraie vie. Les Grecs considèrent qu'il faut opter pour le chemin de la vertu, car il est conforme à la volonté des dieux. La femme qui incarne la vertu ne promet pas une vie facile à Héraclès : « Sache donc que de tout ce qui est bon et sou-

Choisis la vie !

haitable, les dieux n'accordent rien aux hommes sans travail ni peine[2]. »

Luc s'est inspiré de la pensée grecque et traite abondamment du choix et de la décision. Il n'est pas le seul, les autres évangélistes dépeignent aussi le Christ enjoignant aux hommes de se prononcer pour la vie ou la mort, pour la foi ou l'incroyance. Mais chez Luc, le thème de la décision occupe une place centrale. Je me limiterai donc à son évangile pour essayer de comprendre ce qui, dans la Bible, assure le succès d'une décision.

D'emblée, Luc nous montre les deux réactions possibles à l'annonce de l'ange : douter, comme Zacharie, ou faire confiance, comme Marie. À l'instar de Zacharie, nous pouvons mobiliser des arguments rationnels avant de nous décider ou, comme Marie, obéir à l'impulsion intérieure que l'ange éveille en nous. Si nous écoutons le message divin, suivant en cela l'exemple de Marie, alors en nous aussi Dieu prendra naissance et nous entrerons en relation avec l'image originelle et authentique qu'il s'est faite de nous.

Le vieux Siméon promet à l'Enfant Jésus qu'il sera le signe obligeant les hommes à se décider : « [...] cet enfant doit amener la chute et le relèvement d'un grand nombre en Israël ; il doit être un signe en butte à la contradiction [...] » (Luc 2, 34). Jésus amène les esprits à se départager, à sortir de l'indécision. Il exige qu'on se décide. On ne peut pas l'observer confortablement depuis son fauteuil et poursuivre sa vie comme si de rien n'était. Lire les paroles du Christ, c'est se sentir exhorté à quitter une existence routinière pour vivre de manière consciente et résolue. C'est choisir la vie et l'amour, s'éveiller du sommeil auquel on s'est abandonné.

Jésus n'échappe pas plus que nous à la tentation : le diable le met en demeure de choisir entre le soin de sa propre gloire et la volonté de Dieu (Luc 4, 1-13). Nous aussi, nous sommes sans cesse tentés de nous placer au premier plan et de tirer profit de tout dans notre intérêt exclusif. Il nous faut donc, à chaque instant, choisir de servir Dieu au lieu d'obéir à notre ego.

Lors de son premier prêche à la synagogue de Nazareth, le Christ somme ses auditeurs d'entendre son message ou de se détourner de lui (Luc 4, 16-30). Au début, l'auditoire est enthousiaste. Cependant, lorsque Jésus exige que l'on se décide, l'enthousiasme se mue en rejet. Cette tentation, nous la connaissons. Nous aimons nous réchauffer à la lumière d'une personnalité éminente, mais dès l'instant où celle-ci nous oblige à faire un choix, nous nous dérobons. Or c'est précisément ce que demande Jésus. Nous ne pouvons pas nous contenter de méditer pieusement son enseignement. Nous devons décider de le suivre ou d'aller notre propre chemin

La question de la décision apparaît surtout dans les béatitudes et les malédictions (Luc 6, 20-26). Matthieu décrit les huit béatitudes comme une leçon de sagesse : Jésus propose huit voies d'accomplissement. Chez Luc, Jésus ne délivre aucune sagesse, il s'adresse directement à ses auditeurs. Il ne dit pas : « Heureux ceux qui ont une âme de pauvre », mais : « Heureux, vous les pauvres ». Il parle aux pauvres, aux affamés, aux exclus et à ceux qui pleurent, et il leur promet le salut. Il leur dit : ta vie peut changer. Toi aussi, tu peux être heureux. La façon dont tu considères la pauvreté, la tristesse et la faim ne dépend que de toi. Jésus encourage les exclus, leur explique que Dieu les voit et que s'ils ont confiance en lui, ils éprouveront de la félicité au sein même de la haine que leur témoignent les hommes.

En d'autres termes, Jésus exhorte ces différents groupes d'hommes à choisir la vie. Quelle que soit leur situation, ils peuvent opter pour la félicité et le bonheur – ou pour le malheur et la plainte.

Les pauvres ne sont pas responsables de leur pauvreté. Mais ils peuvent gémir et se lamenter ou se prononcer pour le royaume de Dieu, réagir en acceptant leur sort et en y trouvant une voie

La décision dans l'évangile selon saint Luc

d'accès à Dieu. Si Dieu règne en eux, alors leur pauvreté extérieure se transformera en richesse intérieure.

À l'heure actuelle, hélas, certains cercles chrétiens font un tout autre usage des paroles christiques. Les pentecôtistes américains, par exemple, accusent les pauvres d'être sous l'emprise d'un démon de la pauvreté. Ce démon peut être chassé par la foi, qui leur assurera biens et argent. Dans la conception pentecôtiste, en effet, la foi mène à la richesse matérielle. Tel n'est pas le sens des paroles du Christ. Bien souvent, le pauvre est impuissant à changer sa condition. Cependant, il peut décider de chercher Dieu en son cœur. Le véritable trésor, c'est Dieu. Quand Dieu règne en nous, nous sommes comblés. La question de l'argent perd alors de son importance.

À ceux qui ont faim, Jésus dit : « Vous serez rassasiés. » Ce n'est pas seulement une promesse d'ordre matériel, mais une incitation à chercher ce qui est vraiment susceptible de rassasier. Même quand notre corps a faim, notre âme peut être rassasiée. Nous ne dépendons pas uniquement des circonstances extérieures. Actuellement, nombreux sont ceux qui restent figés dans l'attente : ils estiment que c'est aux autres de les rassasier. Mais ce qui nous est donné par autrui ne comblera jamais notre vide intérieur.

Il nous faut une autre nourriture, une

nourriture qui nous rassasie vraiment. Jésus fait référence à la parole qui sort de la bouche de Dieu et qui apaise notre faim plus sûrement que ne le ferait le pain. Quand nous accueillons la parole de Dieu dans notre cœur, nous rassasions notre âme. Notre aspiration la plus profonde rencontre la parole divine et s'en trouve comblée. Ce dont nous avons véritablement faim, c'est d'amour et d'attention, d'acceptation et de paix intérieure. Cette faim, ce n'est pas le pain qui la calme, mais la parole nous garantissant un amour inconditionnel.

Il en va de même pour ceux qui pleurent. Quand Jésus leur dit qu'ils riront, il ne s'agit pas seulement d'une promesse, c'est une exhortation : tu peux aussi choisir le rire, tu peux en rester aux larmes ou essayer de considérer d'un œil différent ce qui te fait pleurer. Parfois, les larmes signifient que nous ne supportons pas de voir nos désirs rester insatisfaits. Jésus appelle donc ceux qui pleurent à s'interroger sur leurs exigences, leurs désirs et leurs illusions.

Lorsqu'on nous inflige une blessure ou une offense, nous ne sommes pas réduits au rôle de victime. Nous avons en nous la possibilité de rire et de ne pas endosser l'acte de l'autre. Ce faisant, nous ne rions pas de lui, nous prenons juste nos distances. On pourrait donc adopter pour principe que dans chaque situation, il est possible de choisir la joie. Cela ne signifie pas qu'il faille refouler les sentiments négatifs, mais il est bon de les relativiser.

En général, les gens préfèrent se plaindre. Ils passent leur temps à s'apitoyer sur eux-mêmes et accusent les autres de leur malheur. Jésus les regarde et sait qu'ils ont en eux la capacité de choisir une autre voie, celle de la joie. En nous détachant des paroles blessantes qui provoquent nos larmes et en faisant retour dans notre cœur, nous découvrirons une source de joie.

Notre disposition d'esprit ne dépend pas exclusivement des actes d'autrui. Nous portons, en effet, la responsabilité des sentiments auxquels nous nous livrons. Comme nous l'avons dit, il ne s'agit pas de se contraindre en refoulant ses sentiments négatifs et en s'obligeant à être toujours de bonne humeur. Mais il faut analyser sa tristesse et ses larmes et se demander si elles ne résulteraient pas d'illusions ou de besoins infantiles.

Le quatrième groupe auquel s'adresse le Christ rassemble ceux qui sont en butte à la haine et à l'insulte et que la communauté exclut de ses rangs. Autrement dit les méprisés et les persécutés. Jésus les exhorte à se réjouir.

Cette exigence peut paraître excessive. Mais quand on se heurte au mépris, il faut comprendre qu'il ne s'agit en fait que d'une projection des problèmes de l'autre. Libérons-nous intérieurement de ces projections et tournons-nous vers Dieu. Ce n'est pas l'approbation des hommes mais l'amour de Dieu qui constitue les fondations sur lesquelles nous édifions notre vie. En réagissant ainsi au mépris, nous lui ôtons tout pouvoir sur nous.

C'est donc à nous qu'il revient de décider comment réagir à l'exclusion et à la persécution : si, au lieu de nous apitoyer sur nous-mêmes, nous envisageons la situation comme une incitation à grandir intérieurement, nous nous assurerons une position solide d'où nous observerons les agissements des autres à notre égard sans en être déstabilisés.

Jésus promet aux exclus une grande récompense au ciel. Nous avons tendance à y voir une promesse trompeuse. En réalité, cela signifie qu'au sein des persécutions, nous pouvons trouver le ciel en nous-mêmes. La persécution nous contraint, en effet, à découvrir en nous un refuge où nous faisons l'expérience du ciel. Nous nous y sentons libres et aimés parce que Dieu y habite.

Jésus montre aux pauvres, aux affamés, aux méprisés et à ceux qui pleurent comment choisir la félicité, le bonheur et la joie. Dans les quatre malédictions qui suivent les béatitudes, il s'adresse aux riches, aux repus, aux rieurs et à ceux qui

La décision dans l'évangile selon saint Luc

jouissent de l'estime générale. Il les tutoie et leur dit : ta richesse peut s'évanouir, ton rire se transformer en larmes et ta satiété en faim. Veille à ne pas te sentir trop sûr de toi. Ta vie peut se changer en son contraire. Rien de ce que tu possèdes aujourd'hui n'est assuré. Tu ne peux pas te fier à ta situation actuelle. Alors choisis la vie.

Au riche, il dit : si tu te définis exclusivement par ta richesse, tu n'auras plus d'autre consolation, tu perdras ton équilibre. Tu n'as rien de solide sur quoi bâtir. Alors choisis ce qui est réellement capable de te porter : choisis la richesse intérieure. Au repu, il dit : si tu te gaves de nourriture et de boisson pour combler ta faim intérieure, celle-ci ne cessera d'augmenter. Alors choisis ce qui peut réellement te nourrir. Et n'oublie pas que la satiété entraîne fatigue et paresse et qu'elle te fait passer à côté de la vie. Choisis la vie, sinon tu seras dévoré par ton vide intérieur. À ceux qui rient, il dit : faites attention, vous riez des autres, mais votre rire pourrait se retourner contre vous. Jésus renvoie les hommes aux conséquences de leurs actes. Il n'est nullement évident que les rieurs riront toujours. S'ils ne choisissent pas la vie, ils pleureront. Quant à ceux qui se fient à l'estime d'autrui, Jésus leur rappelle à quel point ses fondements sont fragiles. Nous en faisons quotidiennement

Choisis la vie !

l'expérience dans notre société : tel est aujourd'hui encensé par les médias qui, demain, sera voué aux gémonies.

Tout ce sur quoi nous édifions notre vie – richesse, satiété, rire et reconnaissance – est fragile. Alors choisissons la solidité. Rien n'est jamais assuré. Il faut constamment réitérer son choix en faveur de la vie. Celui qui opte pour la vie ressemble à l'homme prudent, qui bâtit sa maison sur la pierre. Comme elle repose sur des fondations stables – sur Dieu –, elle ne peut pas être détruite par la désillusion. L'homme avisé ne se contente pas d'écouter les paroles du Christ, il se règle sur elles. Il prend la décision de vivre conformément aux recommandations de Jésus. Ce choix lui permet de construire la demeure de son existence sur des fondations si solides que les crises, les tempêtes, l'hostilité, le rejet et la condamnation restent sans effet sur elle.

Dans les quatre béatitudes et les quatre malédictions, Luc dit : c'est à toi de décider si tu veux être heureux ou te faire du mal à toi-même. Et il ajoute : quelle que soit ta situation, richesse ou pauvreté, évite de t'en prévaloir car c'est Dieu qu'il faut choisir. Telle est la condition d'une vie réussie. Ne te repose ni sur ta richesse ni sur ta piété, choisis Dieu à chaque instant. Et choisis le chemin qui mène à la vraie vie.

La décision dans l'évangile selon saint Luc

Le discours de Jésus peut également s'interpréter comme un appel à se prononcer pour la vie : « [...] je vous le dis, à vous qui m'écoutez : aimez vos ennemis, faites du bien à ceux qui vous haïssent, bénissez ceux qui vous maudissent, priez pour ceux qui vous diffament » (Luc 6, 27-28). L'hostilité est toujours le résultat d'une projection, la projection de quelque chose de lui-même que l'autre n'arrive pas à accepter. À nous de décider alors de notre réaction : répliquer à l'hostilité ou comprendre qu'il s'agit d'un phénomène de projection, s'en distancier et voir dans l'adversaire la personne en détresse, qui a peur et projette sa peur sur nous.

Cela signifie opter pour une certaine vision des choses : celle de l'amour, qui perçoit en l'ennemi la personne qui voudrait être aimée. L'amour est une réaction « active ». En réagissant à l'hostilité par l'hostilité, nous restons dans la passivité, nous nous laissons dicter notre réaction par l'ennemi.

Le Christ nous montre trois manières de réagir activement à l'hostilité, trois manières d'abandonner le rôle de la victime et de transformer la situation.

La première consiste à faire du bien à ceux qui nous témoignent de la haine. En les traitant bien, nous avons une chance de les changer. En leur faisant du mal, nous confortons leur haine et leur méchanceté. Ne nous laissons jamais contraindre par l'autre à agir de telle ou telle façon. Soyons en accord avec notre nature.

La seconde réaction est la bénédiction. Par la bénédiction, nous envoyons en quelque sorte de l'énergie positive à celui qui nous déteste et nous blesse en paroles. La bénédiction se révèle plus puissante. Elle nous protège de l'énergie négative de l'autre. Et elle nous permet d'aller à sa rencontre d'une manière différente. La décision que nous prenons de bénir l'autre nous fait du bien, elle va dans le sens de la vie. Lors de mes séminaires, je pratique souvent l'exercice qui consiste à bénir les personnes avec lesquelles les participants ont des problèmes à ce moment-là. Une femme m'a confirmé qu'elle s'en était bien trouvée. Elle avait vu dans cette bénédiction un bouclier qui la protégeait des émotions négatives de l'autre. Et elle ne s'était pas cantonnée à un rôle passif. La bénédiction lui était apparue comme une énergie active, qui surpassait l'énergie négative communiquée par l'autre.

Enfin, nous pouvons réagir à l'hostilité en priant pour nos ennemis. Nous choisissons alors d'être actifs et de sortir du rôle de victime. Dans la prière, nous nous tournons vers Dieu, mais nous prions également pour les hommes. Nous nous montrons positifs, nous leur souhaitons de trouver la paix intérieure. La prière transforme notre manière de voir. Nous essayons de nous mettre à la place de l'autre : quels sont ses besoins ? Que désire-t-il ? Et nous prions pour que Dieu l'exauce afin qu'il vive en paix avec lui-même.

Jésus nous exhorte à choisir notre propre voie. Il ne suffit pas d'imiter ce que font les autres, de suivre la tendance générale ; c'est ce qu'exprime l'image évangélique de la porte étroite : « Luttez pour entrer par la porte étroite, car beaucoup, je vous le dis, chercheront à entrer et ne pourront pas » (Luc 13, 24). La porte étroite est celle que nous devons franchir pour nous engager sur la voie que Dieu nous a destinée et qui nous mettra en accord avec nous-mêmes. Si nous voulons véritablement vivre la vie qui nous est propre, rechercher l'entrain, la liberté et l'expansion intérieure qui nous ouvriront aussi à autrui, il faut que nous le décidions.

Jésus s'adresse à ceux qui se prétendent pieux et rappellent qu'ils ont mangé et bu avec lui, il leur dit : « Éloignez-vous de moi, vous tous qui commettez l'injustice » (Luc 13, 27). Celui qui ne s'engage pas sur la voie que Dieu lui a attribuée commet une injustice, il n'est pas en contact avec son intériorité. Il offre peut-être les apparences de la piété – en allant à l'église, par exemple –, mais en fin de compte, il ne connaît pas Jésus. Sur ce point-là aussi, Luc se révèle l'évangéliste de la décision.

Pour nous montrer comment prendre une décision, Jésus utilise une comparaison : « Qui de vous en effet, s'il veut bâtir une tour, ne commence par s'asseoir pour calculer la dépense et voir s'il a de quoi aller jusqu'au bout ? De peur que, s'il pose les fondations et ne peut achever, tous ceux qui le verront ne se mettent à se moquer de lui, en disant : "Voilà un homme qui a commencé de bâtir, et il n'a pu achever !" » (Luc 14, 28-30). Avant de décider de bâtir une tour, nous devons vérifier que nous disposons de moyens suffisants. L'image de la tour est valable pour toutes les décisions. Avant de choisir un métier, demandons-nous si nous avons les compétences requises. Avant de prendre une décision qui concerne notre vie, commençons par nous asseoir et voir si elle fera notre bonheur. Sommes-nous réalistes ou bien courons-nous après une chimère ?

La tour symbolise également l'image que nous avons de nous-mêmes. En faisant des choix qui engagent notre vie, nous devons veiller à ce qu'ils s'accordent avec notre représentation de nous-mêmes. Un exemple : une femme qui souffrait d'un fort sentiment d'infériorité suivait une thérapie. Son thérapeute l'encourageait à prendre confiance en elle. Un jour, donc, elle s'emporta après ses collègues de bureau, donnant libre cours à toute l'agressivité qu'elle avait refoulée pendant des années. Mais quand elle se retrouva seule chez elle, toute la confiance qu'elle avait laborieusement construite s'effondra, la laissant dans une immense détresse. Elle avait voulu bâtir une tour imposante sans en avoir la capacité. Comme elle avait adopté une attitude qui n'était pas en rapport avec ses moyens, son choix fut désastreux. Nous devons prendre des décisions qui soient à notre mesure et qui correspondent à nos possibilités.

Notre potentiel est constitué à la fois de notre histoire personnelle, de nos capacités et de nos blessures. C'est tout cela qui forme le matériau que nous utilisons pour édifier notre tour. En prenant une décision, nous devenons responsables de notre existence. Au lieu de blâmer les autres de l'insuffisance de nos moyens, nous sommes alors prêts à utiliser ceux que nous possédons pour construire la tour qui nous correspondra.

Jésus évoque quelques décisions avisées. L'homme prudent bâtit sa maison sur le roc, pas sur le sable de ses illusions. L'intendant infidèle congédié par son maître se règle sur les besoins du moment (Luc 16, 1-8). Comme il lui sera impossible de se justifier, il tire parti de la situation en convoquant les débiteurs de son maître pour les exonérer d'une grande partie de leur dette. Cette décision, qui intervient dans un contexte difficile, lui assure des amis qui l'aideront après son renvoi. Au lieu de pratiquer la politique de l'autruche, l'intendant agit au mieux de ses intérêts.

L'intelligence avisée est l'art de prendre de bonnes décisions. À elle seule, la piété n'est pas une garantie suffisante. Pour Thomas d'Aquin, il faut certes reconnaître ce qui est juste, mais aussi « transformer le savoir du réel en décision avisée[3] ». L'intelligence avisée est la capacité à « comprendre instantanément une situation imprévue et décider avec la plus grande promptitude[4] ».

Thomas d'Aquin voit dans l'indécision le signe d'un manque d'intelligence. La première étape, pour un esprit averti, consiste à saisir la situation. La seconde à transformer la compréhension en action, en décision.

Les décisions avisées exigent de la prévoyance (*providentia*). En effet, ce n'est qu'en gardant l'objectif présent à l'esprit que l'on peut faire les choix requis par l'instant. Cela étant, Thomas d'Aquin souligne que cette intelligence n'est pas certitude de la vérité et que donc elle ne saurait évacuer les inquiétudes relatives aux conséquences de la décision[5]. La recherche de la certitude ne permettrait plus de prendre de décisions.

La décision dans l'évangile selon saint Luc

Pour Thomas d'Aquin, l'intelligence avisée est l'exact opposé de la ruse (*astutia*), qui ne s'occupe que de stratégie. L'intelligence, elle, choisit la voie de la vérité, qui mène à la vraie vie. Et, selon Josef Pieper, par nature, « la décision ne peut être prise que par l'intéressé [6] ». En effet, nous ne nous prononçons pas uniquement pour ou contre quelque chose, c'est toujours pour nous-mêmes que nous décidons. La décision concerne la personne qui se décide pour ou contre quelque chose.

La Bible explique souvent la décision par la notion de choix. L'Ancien Testament nous sommait déjà de choisir entre la vie et la mort. Dans le psaume 119, il est écrit : « J'ai choisi la voie de vérité » (Psaumes 119, 30). Dans l'évangile de Luc, Jésus déclare au sujet de Marie : « C'est Marie qui a choisi la meilleure part ; elle ne lui sera pas enlevée » (Luc 10, 42). Marie a pris une décision, effectué un choix, celui d'écouter au lieu de servir. Marthe, sa sœur, la désapprouve, elle aurait voulu que Marie l'aide à accueillir les hôtes, comme il sied aux femmes. Mais Marie a pris une autre décision. Elle a préféré commencer par écouter ce que Jésus avait à dire.

Souvent nous nous croyons obligé[s de] faire ce que l'on attend de nous[. Il] n'est pas rare que nous obéissi[ons] à nos propres attentes. Ce n' voix de notre cœur que nous entendons, mais celle de la coutume. En écoutant ce que son hôte a à dire, Marie décide d'aller plus loin dans l'hospitalité. Quand Marthe prie Jésus de demander à Marie de l'aider, il répond : « Marthe, Marthe, tu te soucies et t'agites pour beaucoup de choses ; pourtant il en faut peu, une seule même. C'est Marie qui a choisi la meilleure part ; elle ne lui sera pas enlevée » (Luc 10, 41-42).

Alors que, à l'instar de Marthe, nous nous absorbons dans une foule de tâches qui nous sollicitent en permanence, Marie, elle, a choisi la bonne part : la seule, la part du devenir-un. En écoutant Jésus, elle a rejoint la parole, elle s'est rejointe elle-même. Dans chacun de nos actes, nous devrions toujours choisir l'Un, qui nous fera devenir un et nous mettra en accord avec notre véritable nature.

2

L'homme est décision

C'EST SURTOUT dans les années 1960 que la théologie s'est penchée sur la question de la décision. Ce qui l'intéresse, ce n'est pas de savoir comment prendre de bonnes décisions, mais de réfléchir sur la nature de l'homme. Car, de par sa nature, l'homme est décision. Il ne prend pas seulement des décisions, il est lui-même décision. Il ne mène pas seulement sa vie – ce serait contraire à sa nature : en tant qu'être humain, il se doit de décider de lui-même et de son historicité. Autrement, il passe à côté de son humanité.

Alors que la philosophie grecque ne voit en l'individu qu'un représentant de l'espèce humaine, la tradition judéo-chrétienne a toujours souligné la dimension unique de chaque homme ainsi que son historicité. La réflexion sur l'historicité a, du reste, donné à la décision une importance considérable : c'est par la décision, en effet, que l'homme forge son existence historique singulière. Autre concept essentiel, celui de liberté. L'homme est libre de se prononcer pour ou contre Dieu. Et au travers de ses décisions, c'est à lui-même qu'il accède, à son être véritable.

Les théologiens Johann B. Metz et Karl Rahner se réfèrent ici principalement à Søren Kierkegaard, qui a placé l'homme dans l'inéluctabilité de la décision. Au cours de son histoire, l'homme prend des décisions qui le concernent mais, ce faisant, il décide aussi de l'histoire, il l'influence. L'homme n'est pas simplement là, il doit devenir ce qu'il veut être. D'une certaine manière, il détermine son existence par ses décisions. Celles-ci lui permettent de créer son existence singulière et historique.

Au moment de sa naissance, l'homme a devant lui une foule de possibles. Sa tâche consiste à se saisir de ceux qui lui sont propres et, de la sorte, à agir sur son existence. Les décisions qu'il prend l'engagent et l'amènent à une forme d'étroitesse. Pour façonner son existence, en effet, il lui faut prendre congé de nombreux possibles.

C'est là une tâche difficile pour l'homme d'aujourd'hui, qui préférerait garder ouvertes toutes les portes. Mais si l'on refuse de se décider ou de s'en tenir à ses décisions, on reste informe, on ne peut pas se développer. À vouloir que toutes les portes demeurent ouvertes, on finit par n'avoir plus devant soi que des portes fermées. La capacité de décision ne renvoie pas seulement à la force de volonté de l'homme, mais aussi à la manière dont il se comprend lui-même. Il est dans la nature de l'homme de s'engager par ses décisions et de façonner son histoire.

Tourner le dos à cette histoire pour ne pas se fermer de portes nous empêche de grandir. Nous restons figés dans l'indécision. Thomas d'Aquin juge cette attitude contraire à la dignité humaine. Se marier, entrer au monastère, c'est s'engager. Bien sûr, cela n'exclut pas le risque de la rupture. Mais cette éventualité n'est pas un argument suffisant pour refuser de se lier.

Pour la théologie, la décision humaine « tend essentiellement vers le singulier, ce qui échappe à l'échange, et l'irrévocable[7] ». L'homme doit tirer parti du *kairos*, de l'heure qui lui est accordée, de la « chance de l'instant[8] ». C'est ainsi qu'il quitte la dispersion pour rejoindre la totalité.

La décision ne garantit pas le succès. L'homme peut très bien manquer le moment propice, le *kairos* que lui offre Dieu. Dès lors, il est condamné à l'indécision et passe à côté de lui-même. Car « le *Dasein* ne peut pas à la longue rester irrésolu : ou bien l'homme décide lui-

Choisis la vie !

même ou bien on décide de lui, et il cesse alors d'être à la hauteur de son existence historique[9] ».

L'un des grands moyens dont l'homme dispose pour se décider est la foi. La foi est « la décision fondamentale [de l'homme] pour Dieu[10] ». Cette décision fondamentale en faveur de Dieu influence en retour toutes les décisions spécifiques qui contribuent à façonner l'existence historique de l'homme.

Dans ma tâche d'accompagnement, je ne cesse de voir des personnes qui aspirent à une relation amoureuse. Mais quand elles font une rencontre prometteuse, elles prennent peur. Elles reculent devant la nécessité de l'engagement. Du coup, c'est la vie qui décide à leur place. À cinquante ans, elles se retrouvent seules et se plaignent de n'avoir rencontré personne. En réalité, elles n'ont pas réussi à se décider parce qu'elles étaient en quête de la solution parfaite, du partenaire idéal. Cette attente leur a ôté toute chance de réussir leur vie amoureuse.

Le jésuite et théologien Karl Rahner a médité sur la décision en rapport avec la mort. L'homme est un être qui doit en permanence se décider. Cependant, la plupart du temps, nous ne sommes pas vraiment libres de nos décisions. Nous subissons l'influence de notre histoire, c'est-à-dire des blessures qui entravent notre spontanéité.

L'homme est décision

La mort est l'ultime décision de l'homme. Dans la mort, dit Rahner, l'homme décide de la totalité de sa vie – et ce avec une parfaite lucidité. Au moment où l'âme se sépare du corps, elle dispose pleinement d'elle-même. Cependant, pour Rahner, la séparation de l'âme et du corps ne signifie pas que le corps disparaît tandis que l'âme devient acosmique, mais que l'âme adopte une autre forme de relation au corps.

Lors de la séparation de l'âme et du corps, l'homme se prononce dans sa totalité pour ou contre Dieu. N'en déduisons pas qu'il est possible de repousser au moment de la mort le choix fondamental que nous faisons à l'égard de la vie. Car les décisions que nous prenons tout au long de notre existence ne sont qu'une répétition de celle qui intervient à l'heure de la mort.

Pour Karl Rahner, la mort est un événement extérieur : elle nous frappe à travers une maladie, un accident, une soudaine cessation de la vie. Mais ce n'est là qu'une vision extérieure des choses. Nous ne voyons pas le moment intérieur de la mort, celui où nous arrivons devant Dieu avec toute notre existence et où nous nous prononçons pour ou contre l'amour divin. C'est dans la mort que la décision fondamentale que nous n'avons cessé de renouveler acquiert son caractère définitif. La mort

Choisis la vie !

nous exhorte donc, pendant notre vie, à nous décider sans relâche, de manière claire et consciente, en faveur de Dieu, dans l'assurance qu'à l'heure de mourir, nous choisirons Dieu à tout jamais.

La pensée de notre finitude nous rappelle que, tout au long de notre existence, nous devons nous exercer à choisir la vie pour être en mesure de le faire aussi dans la mort. Dès lors, nous pouvons espérer qu'au moment ultime, nous parviendrons à nous décider pour la vie et pour Dieu.

Le théologien et philosophe tchèque Tomáš Halík rapproche la décision humaine de l'expérience du divin. C'est en ce sens qu'il interprète la révélation divine au buisson ardent. Il fait dire à Dieu à l'adresse de Moïse : « Si tu acceptes la mission que je t'ai confiée (tu dois aller libérer mon peuple), alors je serai avec toi[11]. » À l'instar du philosophe Nicolas de Cuse, à l'orée des temps modernes, Halík comprend Dieu comme possibilité. Dieu s'offre à nous comme une possibilité. En choisissant la mission qu'il nous confie, « nous nous rendons compte qu'il est avec nous » : « Dieu est possibilité, cependant nous devons entrer dans cette possibilité – et cette entrée dans les possibles de Dieu s'appelle la foi[12]. »

Cette interprétation de la révélation divine, Halík l'emprunte au théologien

L'homme est décision

Romano Guardini, dont l'Académie catholique de Bavière lui a attribué le prix qui porte son nom. Guardini pensait que la foi à venir serait « plus mince, mais d'autant plus pure, plus puissante, plus proche de la vie » et que « son centre de gravité pénétrer[ait] plus profondément dans le personnel – dans la décision[13] ».

La foi signifie donc choisir les possibles de Dieu. En acceptant ce que Dieu exige de nous, nous expérimentons sa présence, nous l'éprouvons comme celui qui nous accompagne, qui nous ouvre sans relâche à de nouvelles possibilités d'existence et, simultanément, à de nouveaux possibles pour notre monde commun.

Pour Halík, la question n'est pas vraiment de savoir si nous prenons la bonne décision dans une situation donnée. Ce qui lui importe, c'est que nous décidions de répondre à l'appel de Dieu. Par la décision, nous faisons l'expérience de Dieu. Or, souvent, nous voyons les choses à l'envers : nous prions Dieu afin qu'il nous aide à prendre de bonnes décisions. Pour Halík, c'est en écoutant notre impulsion intérieure que nous faisons l'expérience de Dieu et de sa proximité secourable. C'est la décision elle-même qui crée un espace propice à l'expérience du divin.

Même si ces réflexions théologiques

peuvent paraître un peu lointaines, elles expriment pour moi une idée importante : nous sommes responsables de nous-mêmes. Par nos décisions, nous créons en quelque sorte notre existence. En décidant, nous nous engageons. Et en fin de compte, chaque décision s'apparente à un choix pour ou contre Dieu – même quand Dieu n'est pas explicitement présent dans notre pensée.

Nous avons à prendre des décisions fondamentales. De ces décisions pour ou contre Dieu, pour ou contre notre véritable nature, découlent les décisions particulières qui se succèdent au fil de notre existence. Loin d'être accessoire, le problème de la décision est donc un thème essentiel aux yeux de la théologie, qui se préoccupe de notre devenir humain. Mener une réflexion pertinente sur la question, c'est s'interroger de manière appropriée sur l'homme et se faire une juste image de Dieu.

3

Obstacles à la décision

Quand je parle avec des personnes qui ont du mal à prendre des décisions, je leur demande toujours ce qui les arrête. Souvent, elles me répondent qu'elles ignorent ce qui est juste. Ou qu'elles se sentent incapables de choisir parmi les multiples possibilités existantes. Et si la voie choisie se révélait une erreur ? Ces personnes nourrissent des idées qui sont autant d'obstacles à la décision. L'image qu'elles se font d'elles-mêmes leur complique la tâche. D'où l'importance d'examiner ce qui se cache derrière l'incapacité à décider.

Le perfectionnisme, par exemple : certains veulent que leur décision soit d'une justesse absolue. Or cela est impossible car les décisions sont toujours relatives. Comment prévoir ce que l'on trouvera sur son chemin ? Dans ces conditions, autant nous accommoder du caractère contingent de notre existence et de nos décisions. C'est une tâche difficile pour celui qui veut tout maîtriser car, lorsqu'on prend une décision, on abandonne ses certitudes, on lâche ce qu'on aimerait retenir.

Même les petites décisions posent des problèmes considérables aux perfectionnistes. Je connais une femme qui souhaitait acheter une voiture, mais elle ne parvenait pas à choisir la couleur : toutes celles que proposait le concessionnaire lui inspiraient des doutes et aucune ne répondait à ses exigences. Cette question la poursuivit pendant des semaines, lui coûtant une énergie considérable. D'une part, elle n'était pas très sûre de son propre goût. D'autre part, elle craignait la réaction des autres. Elle s'assujettissait au jugement d'autrui. Or, dans le fond, la couleur d'une voiture n'a pas grande importance. On s'habitue à tous les véhicules. Mais pour certains, ce choix est une véritable affaire d'État.

Je donnerai un autre exemple. Lors de mes cours, je demande souvent aux participants de former des petits groupes de discussion. Certains ont la plus grande peine à choisir un groupe. Quelques-uns se décident, mais ne cessent d'observer les autres. Dans tel groupe, par exemple, on rit beaucoup – cela suffit à les faire douter de la pertinence de leur choix : peut-être le groupe de rieurs leur aurait-il été plus profitable... Ce ressassement les empêche de s'engager pleinement

Obstacles à la décision

dans leur propre groupe. Dès lors ils sont incapables de participer à des discussions intéressantes parce qu'ils sont en proie à des tiraillements intérieurs. En l'absence de véritable rencontre, il est impossible de développer un échange fructueux.

Le perfectionnisme est souvent lié au désir impérieux de tout contrôler. Or prendre une décision, c'est abandonner toute velléité de contrôle, s'en remettre à son choix, c'est-à-dire à Dieu en dernière instance. Nos difficultés résultent souvent d'un manque de confiance. Quand nous avons une décision à prendre, nous ne sommes jamais assurés de pouvoir envisager toutes les éventualités. Et même si nous tenons compte de toutes les informations dont nous disposons, nous ne pouvons être certains que notre décision sera bonne une fois pour toutes. Qu'elle soit fructueuse dépend de nos réflexions, mais aussi de Dieu. Voilà pourquoi il est nécessaire d'avoir confiance en Dieu, de savoir qu'il bénira nos décisions et les rendra fécondes pour nous et pour les autres.

En dernier ressort, c'est à Dieu que nous devons nous en remettre, dans l'assurance qu'il tirera le meilleur parti de nos choix. Quel que soit le chemin, il sera semé d'obstacles et nous conduira vers des passages étroits. C'est alors que beaucoup commencent à douter de leur

Choisis la vie !

décision. Mais qu'est-ce qu'une mauvaise décision ? Soyons confiants : au travers de nos décisions, nous trouverons le chemin béni par Dieu. Et cette bénédiction nous accompagne même quand notre route est difficile et laborieuse. Du reste, c'est peut-être justement ce qui nous fait mûrir.

Dans les contes, il y a souvent un personnage qui choisit une voie que nous jugeons erronée. Or il semblerait qu'il prenne la bonne décision puisque les difficultés rencontrées le font progresser. Dans *L'Élixir de vie* des frères Grimm, un fils cadet part à la recherche de l'élixir de vie pour guérir son père malade. Il souhaite également retrouver ses deux frères. Un nain tente de l'en dissuader car les frères ont le cœur mauvais. Cependant le cadet ne se laisse pas détourner de sa quête. Une fois qu'il a rejoint ses frères, ceux-ci, jaloux de son succès, lui dérobent l'élixir et le remplacent par de l'eau de mer. Le père manque en mourir. Il ordonne alors à un chasseur de tuer son plus jeune fils, lequel se cache et se réfugie dans la forêt. Finalement, après toutes ces épreuves, il rencontre une fille de roi et l'épouse tandis que les deux méchants frères s'empressent de filer. Bien que le plus jeune fils semble avoir pris une mauvaise décision, celle-ci finit par se révéler bénéfique.

Obstacles à la décision

Dans mon travail d'accompagnement spirituel, je rencontre souvent des personnes qui choisissent une voie qui me paraît contestable, mais il est manifeste qu'elles doivent en passer par là pour mûrir et trouver leur véritable Soi. Nos décisions ne nous conduisent pas toujours sur des chemins faciles. Certaines nous font traverser de grands dangers, d'autres nous obligent à des détours ou nous fourvoient. Pourtant, la décision, quelle qu'elle soit, se révèle juste. C'est le chemin par lequel Dieu nous a conduits au but, c'est-à-dire à notre vérité propre et, en dernière instance, au bonheur. C'est bien ce que nous montrent les contes.

Vouloir maintenir tous les possibles fait également obstacle à la prise de décision. En choisissant un chemin, on en exclut nécessairement un autre. En ouvrant une porte, on en ferme d'autres. Or, pour certains, cela est insupportable.

Pourtant, à laisser toutes les portes ouvertes, on se retrouve en plein courant d'air ! Et ce n'est pas bon pour l'âme. Sans compter qu'il n'y a pas d'évolution possible. À un moment donné, les portes se referment d'elles-mêmes et l'on n'a plus devant soi que des portes closes.

Une bachelière m'a expliqué qu'elle ne savait pas quelles études choisir. Comme elle avait obtenu de très bonnes notes dans toutes les matières, elle pouvait

Choisis la vie !

s'orienter aussi bien vers la médecine que vers la musique, les mathématiques ou l'éducation physique. Son désir aurait été de tout faire. Or on ne peut pas tout étudier, il faut choisir. Si l'on opte pour la médecine, on ne pratiquera la musique et le sport que comme des passe-temps, en leur consacrant moins d'énergie. Et si l'on étudie les mathématiques, on ne mènera pas la vie d'un médecin.

Ceux qui ont de multiples talents ont du mal à se limiter et à choisir une porte. Pourtant, c'est une nécessité si l'on veut pouvoir progresser dans sa propre voie. Il y a évidemment la peur de se tromper. Or cette peur devrait être une invitation adressée à Dieu de nous indiquer, au sein de nos réflexions, quelle est notre porte. Dieu nous parle à travers nos sentiments. Et c'est en direction de la paix intérieure que nous devons aller. Ayons confiance : quelle que soit la porte que nous franchissons, nous le faisons pour avancer. Autrement nous resterions sur place. La réussite de notre vie ne tient pas seulement au fait que nous soyons musiciens, médecins, mathématiciens ou professeurs d'éducation physique. Les voies extérieures peuvent y contribuer. Mais ce qui compte, c'est la décision que nous prenons en faveur de la vie. Dans un premier temps, les réalisations concrètes restent secondaires.

Chez la bachelière dont je parlais, le

Obstacles à la décision

problème ne résidait pas seulement dans la peur de se tromper, il y avait aussi la crainte de la culpabilité. Elle expliquait que si elle ratait sa vie, elle se sentirait coupable et que jamais elle ne se pardonnerait une mauvaise décision. Il est bon de réfléchir à ce sentiment de culpabilité. Nous avons tendance à vouloir rester blancs comme neige toute notre vie. Nous tenons absolument à préserver notre innocence. Or notre réalité est tout autre. Bon gré mal gré, nous nous rendrons toujours coupables de quelque chose.

Reprenons à ce propos la parabole de l'intendant avisé : quoi que nous fassions, nous gaspillerons toujours un peu de la fortune que Dieu nous a confiée (Luc 16, 1-8). Cependant, dans chaque situation, nous devons agir avec autant d'à-propos que l'intendant. Et cela ne sera possible que si nous nous réconcilions avec l'idée que nous pouvons être coupables ou éprouver un sentiment de culpabilité. C'est avec une décision discutable par nature que nous nous présentons à Dieu, dans l'espoir qu'il la bénira.

Saint Benoît a repris dans sa règle l'image christique de la porte étroite. Il dit de celui qui choisit d'entrer dans les ordres qu'il emprunte une voie étroite, mais que, par la suite, cette voie s'élargit et dilate le cœur : « [...] ne t'enfuis pas

Choisis la vie !

loin de la voie du salut, qui ne peut être qu'étroite au début. Mais en avançant dans la vie religieuse et la foi, "le cœur se dilate et l'on court sur la voie des commandements" de Dieu avec une douceur d'amour inexprimable[14]. » En latin, Benoît parle de la suavité de l'amour, de son goût agréable. Celui qui s'engage sur la voie étroite, son cœur se dilatera et s'emplira du goût sucré de l'amour. Quant à celui qui n'a pas le courage de franchir la porte étroite, jamais il n'accédera à ce vaste espace intérieur.

Le mystique allemand Johannes Tauler use d'une autre image. Il dit que tout homme, à un moment de sa vie, arrive à un passage étroit. S'il veut progresser intérieurement, il doit le traverser. Or, aujourd'hui, quand nos « rails » nous mènent à un passage de cette nature, nous sautons pour la plupart sur une autre voie. Nous essayons les diverses méthodes proposées par les supermarchés de la spiritualité ou de la psychologie. Et quand une méthode nous conduit à l'un de ces passages, nous gagnons de nouveau les rails voisins. De ce fait, nous n'arrivons jamais à traverser ce goulot d'étranglement, qui élargit ensuite progressivement le chemin initial.

C'est un phénomène que je rencontre fréquemment chez les personnes qui passent d'une méthode spirituelle ou psychologique à une autre. Comme elles ne vont pas jusqu'au bout du chemin, elles en restent toujours au même point, quels que soient leurs efforts. La décision conduit toujours à un rétrécissement. Celui qui le refuse s'interdit du même coup d'avancer. Jamais il n'éprouvera de dilatation intérieure, de liberté ni de fécondité. Il ne fera que tourner indéfiniment autour de lui-même. Pour traverser ce passage, il faut du courage, mais c'est le gage de la réussite.

Nombreux sont ceux qui, après avoir choisi une voie au terme de longues réflexions, regrettent les possibilités exclues par leur choix. Ils ne cessent de se demander s'il n'aurait pas mieux valu prendre une autre décision. Ce faisant, ils se paralysent eux-mêmes et s'ôtent la force dont ils ont besoin pour continuer d'avancer avec énergie sur le chemin qu'ils ont choisi.

Choisir un chemin, c'est en exclure d'autres. Et ces chemins que l'on a exclus, il faut en faire son deuil. Le deuil ne se confond pas avec le regret. Le regret nous maintient attachés aux possibilités que nous avons manquées, il nous empêche d'aller de l'avant. Dans le deuil, en revanche, nous traversons la souffrance que nous éprouvons à l'idée des possibles auxquels nous avons renoncé. Et en traversant cette souffrance, nous accédons au fond de notre âme et nous y découvrons les facultés que Dieu nous a données.

Celui qui s'abandonne au regret n'est pas en relation avec le fond de son âme. Il reste à la surface. Dans le deuil, nous laissons la souffrance derrière nous en la traversant. Cette traversée nous conduit jusqu'à nous-mêmes, jusqu'à la vérité de notre être. En refusant cette voie, on s'interdit de trouver son vrai Soi. Au lieu d'être centré en soi-même, on demeure à la surface. On se plaint, on regrette ce à quoi l'on a renoncé et l'on finit par se noyer dans l'auto-apitoiement. Dès lors, on induit une situation de blocage. Il arrive aussi que l'on rende autrui responsable des mauvaises décisions qu'on a prises. Nous accusons nos parents, par exemple, de nous avoir mal conseillés. Ou un ami de ne pas nous avoir retenus : pourquoi ne s'est-il pas montré plus avisé ! Or les stratégies déployées par le regret ne mènent nulle part.

La publicité connaît bien notre tendance à tout remettre en question après une décision et à nous accabler de reproches. Les concessionnaires de voitures, par exemple, ne se contentent pas de faire de la réclame pour des véhicules coûteux. Quand un client a acheté une voiture, on lui écrit deux semaines plus tard pour le féliciter de son achat et lui en rappeler tous les avantages. C'est une façon de lui ôter les doutes qui auraient

Obstacles à la décision

pu surgir en lui après sa décision d'acquérir une voiture chère. N'attendons pas la lettre du concessionnaire. Félicitons-nous de notre décision au lieu de la saper a posteriori par le doute ou la rumination.

La peur est un autre obstacle de taille à la prise de décision. Cette peur a de multiples facettes. Certains redoutent le jugement d'autrui et croient qu'en s'abstenant de prendre des décisions, ils se protégeront. Or c'est justement par là qu'ils s'attirent la critique. Mieux vaut, en effet, prendre une décision discutable que pas de décision du tout. Car l'absence de décision est aussi une décision, elle a aussi des conséquences. « La non-décision ne protège pas des conséquences[15] ».

La peur d'être critiqué engendre un mode de pensée « sécuritaire ». Urs Meier rapporte qu'il y a des entreprises qui mobilisent cinq agences et même plus pour une campagne publicitaire. Après quoi il leur faut un temps considérable pour examiner tous les projets. Souvent, elles opèrent un mélange des diverses idées proposées et la solution finalement retenue est nettement moins bonne que les stratégies particulières qui avaient été élaborées. Meier y voit un « exemple de cette pensée "sécuritaire" si répandue qui repose sur la croyance erronée qu'en augmentant l'éventail du choix, on court moins le risque de passer à côté de quelque chose, ou plutôt de manquer l'objectif[16] ».

Parfois, la peur du choix s'exprime dans des décisions prises à l'arraché : « L'incapacité à décider doit être compensée par une sorte d'offensive décisionnelle. En apparence, l'intéressé prend les choses en main, mais en réalité, ce "on fera comme ça et pas autrement" n'est que l'expression du désespoir et de l'impuissance[17]. »

Souvent aussi, la peur de la décision renvoie à la crainte de se marginaliser. C'est la peur de la solitude. Quand nous prenons une décision, nous nous exposons, nous prêtons le flanc à la critique. Rétrospectivement, les autres se prétendent toujours plus intelligents que nous ne l'avons été. Alors nous préférons nous abstenir et c'est en cela que nous nous trompons. Décider suppose d'avoir confiance en soi, de savoir que sa valeur ne dépend pas du jugement d'autrui. En prenant une décision, même lorsque les critiques sont nombreuses, on conforte le sentiment de sa propre valeur. On est à soi-même son propre soutien.

Bien des gens craignent de s'engager pour la vie. C'est la raison pour laquelle un nombre croissant de personnes ont du mal à prendre des décisions essentielles – se lier durablement avec quelqu'un, choisir un métier, opter pour

Obstacles à la décision

la vie monastique... L'engagement à vie ou l'union conjugale leur fait peur : et si leur partenaire évoluait d'une manière différente, qu'adviendrait-il alors de la relation ?

Il est tout aussi difficile de s'engager professionnellement. Or, lorsqu'on nous fait une offre, il faut bien se prononcer. Ce sont là des décisions qui exigent de la réflexion. Il est dans la nature de l'homme de s'engager en toute liberté, c'est une manière de donner à sa vie une forme bien définie. Cette forme lui permet de croître et de s'épanouir aussi bien extérieurement qu'intérieurement. Un arbre doit croître à un endroit précis, il ne supporterait pas d'être replanté ailleurs toutes les semaines. Il en va de même pour l'homme : il doit se décider pour quelque chose afin de grandir par et dans cette décision. Quand la peur de s'engager empêche de se décider, il n'y a pas d'équilibre, pas d'enracinement possible. Rien ne peut croître.

À la difficulté de s'engager pour la vie et de se lier avec une autre personne – dans le mariage, par exemple – s'en ajoute une autre : la peur de la proximité. En se liant avec quelqu'un, on s'ouvre à lui, on se livre. Or bien des gens ont peur de cela. Dès qu'une proximité s'installe, ils prennent leurs jambes à leur cou. Ils craignent que l'autre ne perce à jour leurs faiblesses. On ne peut s'engager avec

Choisis la vie !

quelqu'un que lorsqu'on est prêt à s'imposer dans sa vérité tout en acceptant de s'exposer. Il faut cultiver l'espoir que l'on s'apportera un soutien et un encouragement mutuels tout au long de ce cheminement commun afin de pouvoir grandir ensemble. Bien sûr, les conflits et les disputes sont inévitables, mais ils sont nécessaires pour briser la carapace que l'on a érigée autour de soi. C'est la condition même de la rencontre. C'est à cette seule condition que l'on découvre sa vérité et celle de l'autre. Or cela demande de répudier son idéal de perfection et de dissocier ses attentes de la représentation idéalisée que l'on se fait de l'autre.

La peur qui nous empêche de choisir est toujours liée aux idées que nous nous faisons de nous-mêmes et de notre vie. C'est parce que nous restons attachés à nos idées que nous n'osons pas décider car la décision, quelle qu'elle soit, les remettrait en question. Voilà qui effraie et paralyse. Pour pouvoir décider, il faut être prêt à lâcher ses représentations et à accepter la nouveauté.

Autre obstacle à la décision : le manque de soutien paternel. C'est au père qu'il revient de nous affermir afin que nous osions vivre, nous exposer aux risques et prendre les décisions qui nous feront avancer. L'énergie paternelle nous ôte la peur de commettre des erreurs.

Obstacles à la décision

Mais quand le père a été absent ou faible, il est difficile de prendre des décisions. C'est comme si l'on était privé de colonne vertébrale.

Quand on craint sans arrêt de se tromper, on devient de moins en moins apte à décider. Il est tout de même possible d'y remédier, mais pour cela il ne suffit pas d'ignorer le déficit de soutien paternel, il faut s'autoriser à commettre des erreurs. Et rien ne nous empêche d'imaginer que Dieu, notre Père céleste, nous donne de la force afin que nous osions prendre notre vie en main – aussi et justement dans nos décisions.

Carl Gustav Jung parle du courage qu'il faut pour prendre sa vie en main en s'exposant à la critique : « Personne n'écrit l'histoire s'il n'ose risquer sa peau en menant jusqu'à son terme l'expérience que constitue sa vie même[18]. » Décider, c'est risquer sa peau parce que cela suppose de se montrer aux autres, de sortir de sa coquille et de s'exposer.

4

Aides à la décision

Dans les pages qui suivent, j'aimerais montrer comment l'on peut parvenir à prendre des décisions claires. Rappelons un point important : si, pour certains, la décision est un acte facile, pour d'autres, elle constitue un vrai problème. Cela tient à la fois à leur tempérament et à la pression qu'ils s'imposent à eux-mêmes.

Un perfectionniste aura plus de mal à se décider qu'une personne qui accepte les choses avec tranquillité. Celui qui a souffert d'un manque de soutien paternel est lui aussi entravé dans sa capacité de décision. Et puis il y a ceux qui ont tout simplement besoin de temps pour arriver à une décision mûrement réfléchie. Or, quand on se fie uniquement à la raison, on met souvent plus longtemps à se décider. Du point de vue rationnel, en effet, les arguments en faveur de telle ou telle décision se révèlent souvent assez proches, ce qui entraîne un surcroît de réflexion. Lorsqu'on écoute son instinct, en revanche, on se prononce généralement de manière spontanée.

Nous ne changerons pas notre tempérament, mais nous pouvons agir sur notre caractère et apprendre, quelle que soit la situation, à mieux décider, à opérer des choix plus clairs et plus rapides.

Changer ses représentations

Pour commencer, il est bon de s'interroger sur ses propres représentations. Partons-nous du principe qu'une décision doit être incontestable ? Si c'est le cas, mieux vaut renoncer à cet idéal parce qu'une décision incontestable, cela n'existe pas. En revanche, nous devons faire preuve d'un esprit avisé, c'est-à-dire voir les choses telles qu'elles sont. C'est à cette condition que nous prendrons de bonnes décisions. Je rappelle ce que j'exposais plus haut : « L'intelligence avisée, c'est l'art de décider de manière juste et appropriée[19]. » Cela demande aussi de la pré-voyance, la capacité de faire ce qui convient le mieux à un moment donné.

Dans un second temps, il faut rester centré en soi-même et éviter de se régler sur les réactions d'autrui. Nombreux sont ceux qui n'osent pas se décider parce qu'ils ne cessent de réfléchir à ce

Aides à la décision

que les autres pourraient penser de leur choix. Au lieu d'être centrés en eux-mêmes, ils sont tout entiers projetés en l'autre. Ils font dépendre leur décision de ses réactions. Cela ne signifie pas que la réaction des autres soit sans importance. Lorsqu'on a une décision difficile à prendre – quitter son conjoint, par exemple –, il est crucial de tenir compte de la réaction des autres, car il faudra bien la supporter. Si l'on quitte son conjoint parce qu'on est amoureux d'une autre personne, on aimerait se livrer à ses sentiments sans penser à quiconque. Or ce serait s'aveugler. Prendre en considération les réactions de son entourage est un moyen de se réveiller et d'affronter les conséquences de sa décision.

Sachons distinguer entre la réaction des vrais amis, qui tiennent réellement à nous, et la projection de besoins refoulés. Ce qui compte, c'est que nous en usions de manière responsable, devant Dieu et les hommes, à l'égard des personnes auxquelles nous sommes liés. Toute décision doit s'accompagner d'un sentiment de responsabilité. Mais rappelons aussi que nous devons agir en accord avec nous-mêmes sans nous inféoder aux autres.

Ma sœur, qui connaît bien tout ce qui touche au travail des femmes, m'a rapporté qu'en général, les femmes avaient du mal à prendre des décisions par peur de s'entendre dire qu'elles s'étaient trompées. Elles craignent les reproches. Souvent, c'est le regard critique du père qui leur inspire cette peur, l'exhortation répétée à faire les choses comme il faut. Cette obsession les amène à fuir les décisions. Or il ne s'agit pas de faire les choses comme il faut, ce serait se conformer de manière excessive aux attentes du père et reproduire sa manière de voir. Il vaudrait mieux avancer, tout simplement, et se fier au sentiment de croissance qui s'éveille en soi. La décision encourage la croissance. Certaines femmes dépensent une énergie considérable à peser le pour et le contre. Au lieu d'être centrées en elles-mêmes, elles se laissent influencer par le mode de pensée paternel. Quand elles arrivent enfin à se décider, elles le vivent souvent comme une poussée d'énergie et de croissance. Tout d'un coup, quelque chose se remet à circuler. Le chemin se poursuit, elles accèdent à la vie. Elles sentent la présence de leur énergie féminine, qui va dans le sens de la progression. Quand elles se laissent influencer par leur père, elles peinent à prendre des décisions. Quand elles s'en remettent à leur nature de femme, la décision émerge en elles et les aide à évoluer.

Le troisième point important, c'est d'être capable de perdre. Lorsqu'on veut gagner, il faut savoir perdre. La peur de perdre est paralysante, elle empêche de

Aides à la décision

se décider. Ce qui fait peur, ce n'est pas seulement la réaction des autres, c'est aussi le juge que l'on a intériorisé. Pour certains, la défaite est impardonnable. Cependant tout sportif sait qu'on ne peut entamer une partie ou une compétition que si l'on est capable d'envisager la défaite. Tout en s'engageant avec la volonté de gagner, on doit accepter que la victoire puisse revenir à l'adversaire ou à l'autre équipe. C'est précisément dans l'acceptation de la défaite que se montre la grandeur. Un bon perdant révèle sa dignité d'homme. Surfer continuellement sur la vague du succès nous maintient à la surface des choses. Et quand survient une défaite, c'est l'effondrement, l'abandon de soi-même. On ne se pardonne pas d'avoir perdu. Or savoir perdre est une condition indispensable à la prise de décision.

Enfin, il y a la confiance. Après avoir pesé tous les arguments, il s'agit d'écouter son intuition, les impulsions de son cœur. C'est comme si l'on soumettait les possibilités existantes au jugement du cœur pour suivre ses indications spontanées. On quitte le plan intellectuel, on fait confiance à son cœur. Et on met un terme aux reproches rétrospectifs, aux remises en question ultérieures. Un grand nombre de gens perdent un temps non négligeable à critiquer leurs propres décisions. Or il est important de respec-

Choisis la vie !

ter ses choix. Sait-on ce que l'on rencontrera sur la voie ainsi ouverte ? Il s'agira alors de naviguer et de s'adapter sans récriminer à ce qui se présente.

La confiance est liée à cette intuition dont nous situons le siège dans le ventre. C'est quand nous écoutons ce qu'elle nous dicte que nous prenons souvent les meilleures décisions. Des chefs d'entreprise me l'ont confirmé : chaque fois qu'ils obéissaient à leur intuition durant un entretien d'embauche, leur décision se révélait juste a posteriori. En revanche, quand ils jugeaient le candidat sur des critères purement rationnels – par exemple en se fondant sur ses notes ou ses attestations –, ils se trompaient fréquemment. En dépit de ses compétences, un candidat peut très bien ne pas convenir à une entreprise, avoir des problèmes avec ses collègues... Quand un responsable obéit à son intuition, il recrute l'employé adéquat, qui évoluera de manière positive.

Nous considérons que l'intuition est irrationnelle, mais c'est faux. La recherche sur le cerveau a découvert que des informations importantes sont transmises au cerveau par le ventre. « La majorité des branches nerveuses vont du ventre au cerveau, et non l'inverse. Cela signifie que le ventre fournit en permanence des informations et des signaux au cerveau[20]. » Le ventre possède son intelligence propre. Il a surtout une intelligence émotionnelle – et un sens très sûr des relations. Du reste, nous le savons bien. Lorsque nous sommes amoureux, nous ressentons des picotements dans le ventre. À l'inverse, les relations difficiles affectent le ventre et l'estomac ; nous n'arrivons plus à manger correctement : soit nous perdons l'appétit, soit nous nous gavons pour étouffer ce que nous dit notre ventre.

L'intuition nous indique si une relation est bonne, si elle a une chance de durer, elle nous dit si l'autre est susceptible de s'intégrer dans notre culture d'entreprise ou notre cercle amical. Souvent aussi, elle nous avertit que quelque chose ne va pas. Même si tout semble en ordre d'un point de vue rationnel, le ventre nous informe d'un dysfonctionnement.

L'arbitre Urs Meier a relaté un épisode significatif du match entre l'Angleterre et le Portugal lors du championnat d'Europe 2004. Le score était de 1 partout quand Sol Campbell, d'un tir de tête, marqua un but pour l'Angleterre à la 89ᵉ minute de jeu. De l'endroit où il se trouvait, l'arbitre n'avait rien pu voir, mais son intuition lui disait qu'il y avait un problème. Il décida de refuser le but. C'est après coup, en regardant l'enregistrement vidéo, qu'il put vérifier la justesse de sa décision[21]. Dans cette situation, où il s'agissait de la qualification en demi-finale, il n'était pas facile de se fier à son instinct et de prendre rapidement une décision. Cependant l'intuition est souvent plus prompte que l'intellect, qui doit peser le pour et le contre.

Décision et prière

La prière peut aider à la décision. Il va de soi que lorsque nous prions avant de prendre une décision, Dieu ne se substitue pas à nous en nous soufflant la solution d'une manière explicite. A priori, nous ne recevrons pas de réponse directe pendant notre prière.

Toutefois, celle-ci nous permet d'adopter une attitude de saine distance. Nous nous présentons devant Dieu avec les divers choix possibles. Nous essayons de lui expliquer ce dont il s'agit et pourquoi nous penchons vers telle ou telle décision. Ensuite, nous lui demandons son avis. Dans le silence, nous prêtons l'oreille aux impulsions qui surgissent en nous. Si, en envisageant une des possibilités, nous ressentons une paix profonde, c'est un signe que Dieu souhaite que nous nous décidions en ce sens. Il se peut aussi qu'au lieu d'éprouver un sentiment de paix intérieure, nous percevions juste une injonction : « Fais cela ! »

Aides à la décision

Autrefois, il m'arrivait souvent, dans mes cours, de me creuser la cervelle au sujet des exercices et des méthodes que je voulais proposer. Et parfois, j'entendais en moi la parole que Jésus adresse au paralytique : « Lève-toi, prends ton grabat et marche » (Jean 5, 8). Elle m'incitait à choisir la solution que j'avais alors à l'esprit. La prière me donnait la confiance nécessaire pour emprunter cette voie et m'évitait de gaspiller mon énergie à réfléchir à la méthode la plus adéquate.

Il se peut aussi que la prière n'éveille en nous aucune impulsion. Cela doit nous alerter et nous faire éventuellement comprendre que la décision n'est pas mûre. Nous reviendrons alors devant Dieu jusqu'à ce que nous sentions que le moment est venu de nous décider. Il va de soi qu'une telle attente ne se justifie que pour les décisions existentielles. En général, nous n'avons pas le loisir de repousser à plus tard les décisions du quotidien. Dans le cas de ces dernières, il suffit de prêter l'oreille, d'écouter la voix de Dieu et de se prononcer. Cette courte pause permet de ne pas se laisser influencer et de choisir selon son cœur. Pour les décisions existentielles, il ne faut pas que la prière préalable soit ressentie comme une obligation, mais il peut être utile de s'accorder un délai.

Je connais des gens qui parlent depuis

des années d'entrer dans les ordres sans arriver à se décider. Quand on les revoit, au bout de dix ans, ils en sont toujours au même point. Leurs discours leur servent de prétexte pour se dispenser d'agir. Dans ces conditions, il est utile de leur dire : « Je ne veux plus entendre parler de ta décision d'entrer ou non dans les ordres. En réalité, tu as déjà fait ton choix. Si tu n'es pas encore au monastère, c'est que tu as pris ta décision. Respecte-la au lieu de gaspiller ton énergie à la renier. Qu'essaies-tu d'éviter par là ? » En général, ces questions franches ne sont pas les bienvenues. Mais c'est la seule manière de leur ouvrir les yeux. Peut-être vont-ils enfin admettre la vérité et accepter consciemment la vie qu'ils mènent. La décision, en effet, aide à vivre pleinement et de manière lucide.

En entretien, j'entends parfois mentionner des prières infructueuses. Une femme, par exemple, avait demandé à Dieu de favoriser sa rencontre avec un homme dont elle était tombée amoureuse et qu'elle trouvait extrêmement sympathique. Or cette rencontre fut pour elle un désastre. Comme elle avait sollicité Dieu, elle lui en attribua la responsabilité. Toutefois il me semble que cette femme s'était servie de Dieu pour conforter sa propre décision. Durant sa prière, elle n'avait pas rencontré Dieu, elle ne lui avait pas réellement demandé

Aides à la décision

si elle devait ou non revoir cet homme. Comme elle y tenait absolument, elle recherchait juste la caution divine.

Or si nous n'exposons pas réellement le pour et le contre à Dieu, comment pourrions-nous le tenir pour responsable des suites de notre décision ? La véritable prière est une rencontre authentique avec Dieu, elle suppose que l'on n'ait pas déjà effectué un choix. Et dans cette rencontre avec Dieu, nous sommes à l'écoute de nos impulsions intérieures : Dieu nous parle à travers elles. Cela dit, il faut user de discernement pour savoir si c'est bien Dieu qui nous parle ou juste notre surmoi, notre ambition ou nos besoins infantiles. Pour cela, examinons l'effet produit par l'impulsion. Une impulsion qui éveille en nous un sentiment de paix, de liberté, d'entrain et d'amour représente la voix de Dieu. Une impulsion qui nous effraie, qui nous en demande trop, sera plutôt le reflet de notre perfectionnisme, de notre surmoi, qui exige toujours de nous la solution parfaite.

Il arrive aussi que l'on se retrouve face à un choix contraint, par exemple dans une situation où, comme on dit, on ne peut choisir qu'entre la peste et le choléra. D'ailleurs, l'alternative est parfois trompeuse. Jésus a connu ce genre de situation et il nous indique comment nous sortir de l'embarras.

Choisis la vie !

La Bible relate deux épisodes dans lesquels Jésus se trouve acculé à une décision. Dans le premier, des pharisiens et des partisans d'Hérode viennent le voir et lui demandent : « Est-il permis ou non de payer l'impôt à César ? Devons-nous payer, oui ou non ? » (Marc 12, 14). Jésus doit trancher là une question qui, à l'époque, était extrêmement controversée. Quelle que soit sa décision, elle le conduira dans une voie sans issue. S'il se prononce contre le paiement de l'impôt, les partisans d'Hérode risquent de l'arrêter. S'il l'approuve, il décevra ses propres adeptes. Jésus perçoit le piège dans lequel les pharisiens veulent l'enfermer. Au lieu de leur répondre directement, il se place en position active et ordonne aux questionneurs de lui apporter un denier. Puis il leur demande : « De qui est l'effigie que voici ? Et l'inscription ? » Quand ils lui répondent : « De César », il a cette réplique extraordinaire : « Rendez à César ce qui est à César et à Dieu ce qui est à Dieu » (Marc 12, 16-17). Ses adversaires ne trouvent rien à répondre à cela. En se dérobant à la fausse alternative qu'on lui propose, Jésus réagit de manière souveraine.

Cette histoire nous invite à ne pas nous laisser acculer à une décision qui nous engagerait dans une impasse. La contrainte est rarement fructueuse. Il faut, comme Jésus, reprendre l'initiative

Aides à la décision

et se réapproprier la décision. Du reste, la langue elle-même le dit : « Je *me* décide. » Décider est toujours actif et nous renvoie à notre intériorité : c'est de nous-mêmes que nous décidons. Et cette décision, nous n'avons pas à nous la laisser imposer de l'extérieur.

L'évangéliste Jean rapporte une scène similaire. Les pharisiens amènent à Jésus une femme prise en flagrant délit d'adultère. Ils invoquent la loi de Moïse, qui prône la lapidation, et demandent à Jésus ce qu'ils doivent faire. Au lieu de répondre, Jésus se baisse et écrit dans le sable. On pourrait dire qu'il gagne du temps et s'ouvre aux solutions créatives qui germent en lui. En termes plus modernes, on parlerait de « brainstorming » : il écrit sur le sable les idées qui lui viennent. Et tandis qu'il écrit émerge en lui l'admirable phrase : « Que celui d'entre vous qui est sans péché lui jette le premier une pierre ! » (Jean 8, 7). Après quoi il recommence à écrire. Quand il relève les yeux, tous sont partis. Ils ont eu l'honnêteté de ne pas se prétendre sans péché. Jésus ne s'est pas laissé contraindre à une décision qui, d'une manière ou d'une autre, aurait été source de difficultés. Il a plongé en lui-même à la rencontre de son intériorité. C'est aussi ce que nous faisons parfois lorsque nous disons : « La nuit portera conseil. » Il arrive que les solutions se

Choisis la vie !

présentent à nous pendant notre sommeil. Pour certains, un rêve indique la décision à prendre. D'autres ont, en se réveillant, le sentiment de savoir ce qu'ils doivent faire. Entrer en contact avec son âme au cours de la nuit a permis de clarifier les choses.

Même quand il est impossible de repousser une décision, il est bon de se soustraire à la pression extérieure et de s'accorder un court moment pour s'écouter et se mettre en relation avec son cœur. Il faut alors suivre la solution qu'il préconise et ne pas rester tributaire des autres, choisir de son propre chef et non sur l'injonction d'autrui. Soyons confiants : notre âme sait exactement ce qui est bon pour elle. C'est la raison pour laquelle il faut plonger en elle pour découvrir ce qu'elle a à nous dire. Elle propose toujours des solutions fécondes et ne se laisse pas abuser par les alternatives trompeuses.

Certains font une retraite dans un monastère avant de prendre une décision. Ou bien ils se livrent à des exercices spirituels. Les exercices spirituels de saint Ignace de Loyola sont tous centrés sur le discernement et la décision. Le pratiquant commence par s'interroger sur ce qui fonde son existence, sur ce qu'il veut faire de sa vie. Avant de décider, il doit se libérer intérieurement. Ignace parle à ce propos d'indifférence.

Aides à la décision

Par là, il entend un état de liberté intérieure qui ouvre l'homme à toutes les solutions que lui propose Dieu. Puis, à chaque possibilité qui lui vient à l'esprit, il se pose la question du « plus » : « Qu'est-ce qui est le plus profitable pour moi et pour les autres ? » Ce plus renvoie à des valeurs chrétiennes comme la paix, la justice, la foi, l'espérance et l'amour. Le pratiquant se demande comment il peut contribuer le plus efficacement à introduire dans le monde « un peu plus de justice, de paix, d'amour, de compassion, de foi et d'espoir[22] ». Parfois, Ignace appelle ce plus le fruit suprême ou la consolation suprême. Le fruit, « c'est ce qui rend possible l'existence humaine et la fait s'épanouir[23] ». La consolation renvoie plutôt au sentiment que la décision crée chez le pratiquant, s'il est en accord avec lui-même, s'il se sent bien, libre et plein d'entrain. Le fruit concerne les effets de la décision sur autrui. « Le fruit est un bienfait pour les autres, le réconfort un bienfait pour celui qui décide[24]. » Fruit et consolation doivent se compléter. Les exercices de saint Ignace ont toujours pour objectif une décision à prendre – qu'il s'agisse pour nous de choisir un métier ou une orientation pour l'année à venir.

D'autres personnes se contentent d'une retraite de quelques jours dans un monastère. Elles souhaitent mettre ces journées

Choisis la vie !

à profit pour prendre des décisions importantes qui engagent leur avenir. Une femme m'a raconté qu'elle avait effectué un court séjour dans notre maison Saint-Benoît de Würzburg. Elle y avait pris des décisions dont elle était reconnaissante et qui lui avaient beaucoup apporté. Cette femme n'avait pas élaboré de méthode particulière pour la circonstance. Elle avait simplement eu besoin d'un espace de calme pour faire mûrir en elle la décision. Et au terme de ces journées de silence, elle avait éprouvé un sentiment de clarté et d'harmonie qui lui avait permis de se prononcer.

On n'a pas toujours le temps de se retirer dans un monastère. Cependant, même au quotidien, il est possible de s'accorder des moments de tranquillité. Pour l'un, ce sera une promenade au cours de laquelle la décision prendra forme. Il lui suffira de partir avec sa question en priant Dieu de l'inspirer par un signe – un arbre singulier, par exemple, ou un point de vue qui s'offre soudain à la vue, indiquant la voie à suivre. Ce genre d'expérience en cours de promenade éclaire notre réflexion et notre décision. Pour l'autre, ce sera la méditation. Il se tiendra en silence devant Dieu sans réfléchir à sa décision. Et il arrive qu'après la méditation, nous sachions dans quel sens aller.

D'autres encore cherchent ce qui est le

Aides à la décision

plus conforme à la volonté de Dieu. Mais il n'est pas rare qu'ils voient la volonté divine comme quelque chose qui brise leur propre volonté, un élément extérieur qui fait irruption dans leur existence. Pour ces personnes-là, Dieu est étranger à leurs sentiments et à leur voix intérieure. C'est en vain qu'elles s'interrogent sur sa volonté. Ou alors elles la confondent avec leur propre perfectionnisme. Elles pensent que la volonté de Dieu va nécessairement vers le plus difficile, le plus dur ou le plus désintéressé.

Or on distinguera deux niveaux dans la volonté. La volonté superficielle : « Je veux aller là-bas », « Je veux manger cela », « Je veux avoir cela ». Et une volonté avec laquelle nous entrons en contact quand nous faisons silence en nous et que nous nous sentons complètement en paix. La volonté qui émerge de ce silence, où nous sommes en accord avec nous-mêmes, est conforme à la volonté de Dieu. Au fond de notre âme, la volonté de Dieu est identique à la nôtre. L'apôtre Paul dit, dans sa première épître aux Thessaloniciens : « Et voici quelle est la volonté de Dieu : c'est votre sanctification » (4, 3). Dieu veut que nous soyons intacts et entiers, en accord avec notre être intime, avec l'image divine que nous portons en nous.

Le résultat d'une décision ne dépend pas uniquement de nos réflexions. La

Choisis la vie !

prière nous donne confiance en son issue, nous n'avons plus besoin de nous interroger après coup sur la pertinence de notre choix. Nous confions à Dieu le soin de rendre ce choix bénéfique à nous-mêmes et aux membres de notre entourage.

Cela vaut, par exemple, pour des décisions prises dans le cadre de l'entreprise. Argumentation et réflexion ne suffisent pas à garantir la pertinence d'une décision en faveur d'un produit ou d'une stratégie. Le succès de nos décisions n'est nullement assuré. Dans la prière, nous nous en remettons à Dieu. Même quand notre décision n'est pas des plus satisfaisantes, il peut la rendre profitable. Cette confiance nous délivre de nos doutes sur les conséquences éventuelles de nos choix.

Exercices pratiques

Il existe des moyens concrets de se faciliter les décisions importantes – s'engager dans une relation amoureuse, rester célibataire, choisir un métier, en changer, déménager… Je proposerai pour cela trois exercices.

Le premier consiste à se projeter dans l'avenir : par exemple, on s'imagine dans dix ans, vivant ou non avec telle personne. Qu'éprouvons-nous à l'idée de

Aides à la décision

vivre avec elle ? Et quand nous nous représentons l'avenir sans elle ? On peut aussi s'imaginer occupant toujours le même emploi dans cinq ans. Que nous inspire cette perspective ? Ou en charge du poste pour lequel nous sommes auditionnés en ce moment. Que ressentons-nous ? Ensuite, nous comparons nos réactions. L'hypothèse qui nous procure le plus de calme, d'entrain, de liberté et d'amour est celle que nous devons privilégier. Quand la peur et les craintes dominent, c'est le signe que nous nous fourvoyons.

Il ne nous est pas non plus interdit d'interroger la volonté de Dieu. Les moines d'autrefois avaient élaboré des distinctions qui peuvent nous être utiles. Ils séparaient la volonté de Dieu de celle des démons. Ils établissaient également une différence entre les pensées qui viennent de Dieu, celles qui sont inspirées par les démons et nos propres productions. Pour déterminer l'origine de nos pensées, nous pouvons examiner les qualités de notre âme, la façon dont elle réagit à ces pensées. Celles qui viennent de Dieu engendrent la paix, la liberté, l'entrain et l'amour. Celles qui naissent des démons – aujourd'hui, nous parlerions plutôt de surmoi – provoquent de la peur et un sentiment d'étroitesse. Nous avons l'impression d'être submergés. Nous sommes tendus, crispés intérieurement. Les pensées qui viennent de nous s'éparpillent, elles ne sont pas fiables. Nous allons de l'une à l'autre sans nous fixer. Elles n'ont pas un effet centralisateur, elles dissolvent notre moi.

Ces distinctions développées par les moines peuvent nous aider, car nous devons opter pour le lieu où se rencontrent quatre qualités de l'âme : la paix, la liberté, l'entrain et l'amour. C'est à cet endroit que la volonté de Dieu se manifeste. C'est là que réside la bénédiction divine. Ces quatre qualités correspondent à ce que la Bible dépeint comme les caractéristiques de l'esprit de Jésus. Jésus dit de lui-même : « Je suis le Chemin, la Vérité et la Vie » (Jean 14, 6). Là où il y a de la vie, Jésus est présent en esprit.

L'apôtre Paul dit de Jésus : « Car le Seigneur, c'est l'Esprit, et où est l'Esprit du Seigneur, là est la liberté » (2e épître aux Corinthiens 3, 17). Et dans l'épître aux Galates, il cite l'amour et la paix parmi les principaux fruits de l'esprit. Bien sûr, on pourrait aussi considérer les autres fruits de l'esprit comme un critère de la présence ou du soutien du Saint-Esprit dans une décision : « Mais le fruit de l'Esprit est charité, joie, paix, longanimité, serviabilité, bonté, confiance dans les autres, douceur, maîtrise de soi » (5, 22-23). Ces neuf fruits sont le déploiement des quatre critères susmentionnés, qui définissent la décision conforme à

Aides à la décision

l'Esprit. Joie et expansion intérieure, fidélité et douceur sont les interprètes de l'amour et de la liberté.

Le deuxième exercice est similaire au premier, mais se pratique dans une durée donnée. Pendant deux jours, nous vivons avec l'idée que nous avons décidé d'entrer dans les ordres ou de conserver notre métier ou notre emploi. Nous nous levons le matin avec cette pensée. Nous prenons notre petit déjeuner avec cette pensée. Tandis que nous nous promenons, nous savons que tel est notre choix. Quand nous parlons avec d'autres, nous gardons cette idée présente dans un coin de notre esprit. Après quoi nous couchons par écrit les sentiments que nous avons éprouvés au cours de ces deux journées. Puis nous consacrons les deux jours suivants au second terme de l'alternative. Nous nous réveillons avec la pensée que nous avons décidé de ne pas entrer dans les ordres ou de quitter notre emploi. Au petit déjeuner, au bureau, durant nos loisirs, nous sommes accompagnés par la pensée de ce choix. Au terme de ces deux jours, nous écrivons de nouveau ce que nous avons ressenti. Et nous comparons. Notre âme se décidera en faveur de la solution qui nous apporte la paix, la liberté, l'entrain et l'amour.

Il arrive que cet exercice ne produise pas la clarté escomptée. Dans ce cas, il

Choisis la vie !

vaut mieux attendre, s'accorder un délai – à condition que celui-ci n'induise pas un surcroît de pression : les décisions ne se tirent pas de la manche. Il est préférable de s'armer de patience.

J'ai parfois constaté que ce genre d'exercice mettait en branle un processus de décision. Au départ, peut-être tendait-on à vouloir rester dans les ordres, garder son emploi, poursuivre sa relation de couple, mais avec le temps, une autre décision se cristallisait. L'important, c'est que la clarté se fasse à un moment donné. Cela demande à la fois de la patience pour attendre que la décision mûrisse et du courage pour se décider l'instant venu. Arrive un temps, en effet, où il faut sauter le pas. Précisons tout de même qu'on ne peut pas forcer les décisions existentielles en s'imposant un délai. Il n'est pas mauvais de se répéter qu'on a, par exemple, trois semaines pour se décider, mais cette restriction risque de produire une pression excessive, qui nuit à la liberté de la décision. D'un côté, il est bon de s'exhorter à choisir, de l'autre, il faut se laisser du temps pour pouvoir prendre son élan quand cela sera véritablement profitable.

Le troisième exercice consiste à se fier aux rêves et aux images intérieures que Dieu nous envoie. Nous pouvons prier Dieu qu'il nous aide dans notre décision par un rêve. Certains – pas tous – com-

Aides à la décision

prennent parfaitement la signification de leurs rêves. Un exemple : une femme s'était vu proposer un poste de bibliothécaire. Au cours de la nuit, elle rêva que le chaos régnait dans l'établissement. Elle refusa le poste, qui pourtant aurait représenté pour elle un gain financier appréciable. Par la suite, son rêve reçut une confirmation. En effet, quand elle put se renseigner de manière plus précise, elle apprit qu'il y avait dans cette bibliothèque un climat de travail désagréable et que les rapports hiérarchiques étaient très flous.

Carl Gustav Jung écrit qu'on ne doit pas déléguer au rêve la décision qu'on a à prendre. Il s'agit simplement de lui prêter attention comme à une voix importante. La décision, quant à elle, est l'affaire de la volonté, qui s'inspire à la fois de la raison, du sentiment et des images oniriques. Cela n'empêche pas qu'après un rêve, certaines personnes sachent dans quel sens se décider. D'ailleurs, c'est moins la signification du rêve qui les guide que le sentiment qu'elles en retirent au réveil.

L'exemple suivant montre comment les rêves peuvent faciliter le processus de décision. Il y a de cela de nombreuses années, un jeune homme vint me voir pour une retraite spirituelle. Il voulait la mettre à profit pour décider s'il devait épouser son amie ou la quitter. La raison ne lui permettait pas de trancher. D'un côté, il s'entendait bien avec elle. Tous deux travaillaient avec des enfants et ils étaient sur la même longueur d'onde. De l'autre, ce n'était pas la femme qu'il attendait, il n'était pas profondément amoureux d'elle. Au cours de sa retraite, il fit deux rêves importants. Dans le premier, il se rendait à l'autel avec son amie. Tout d'un coup, il disait : « Non, je ne t'épouserai pas. » Mais à la fin du rêve, ils se retrouvaient tous les deux devant l'autel où l'on célébrait le mariage. Le second rêve était similaire. Le jeune homme se disputait avec son amie, s'en allait et prenait un train où se trouvaient des terroristes. Il se joignait à eux et tirait autour de lui avec un fusil. À la fin du rêve, il était de nouveau à l'église pour se marier.

Grâce à ces rêves, le jeune homme finit par choisir d'épouser son amie. Mais il avait aussi reçu deux indications importantes. Le premier rêve disait : « Tu dois savoir dire non avant de pouvoir véritablement dire oui. » Le jeune homme ne se sentait pas vraiment libre. Il redoutait la réaction des enfants dont il était l'éducateur s'il quittait son amie, que tout le monde connaissait. Beaucoup de gens n'osent pas dire non, ils se laissent influencer par le jugement des autres. Or il faut se sentir libre de dire non pour que le oui soit un véritable oui. Le

Aides à la décision

second rêve disait : « Tu dois devenir un homme avant de pouvoir épouser une femme. » Le jeune homme en question était plutôt un tendre. Il lui fallait entrer en contact avec son agressivité, son côté masculin, s'il voulait pouvoir être pour sa femme un véritable partenaire. Dans ce cas précis, les deux rêves lui montrèrent une voie qui allait bien plus loin que ne l'aurait permis une argumentation raisonnée. Il pouvait désormais laisser parler son cœur et se prononcer en faveur de son amie.

Il n'y a pas que les rêves nocturnes, il y a aussi les images intérieures qui surgissent en nous. Elles nous indiquent, à un niveau plus profond, les choix à faire. Cela dit, il est essentiel de les examiner en toute conscience et de prendre sa décision sur cet arrière-plan : les images en tant que telles n'ont pas à nous dicter nos choix.

Un médecin était venu me consulter pour savoir s'il devait reprendre un cabinet dans sa petite ville ou accepter un poste de chef de clinique dans un hôpital. Les arguments rationnels ne lui apportaient aucune lumière, les deux voies étant également sensées et praticables. Je l'invitai donc à fermer les yeux et à être attentif aux images qui lui venaient quand il imaginait avoir repris le cabinet. Au bout de quelques instants, il ouvrit les yeux et raconta qu'il s'était

Choisis la vie !

vu ivre, assis derrière un grand bureau. Précisons qu'il ne buvait pas. Du coup, cette image lui mit la puce à l'oreille. Je lui conseillai d'attendre encore un peu avant de se décider et de laisser passer la nuit. Cependant il fallait prendre l'image au sérieux. Le médecin finit par se prononcer contre la reprise du cabinet. Et l'avenir lui donna raison : la voie choisie se révéla fructueuse, il finit par devenir médecin-chef. Son âme l'avait aidé dans sa décision en lui envoyant des images.

Même si ces dernières ne sont pas toujours aussi claires, il ne faut jamais s'en remettre exclusivement à l'intellect pour décider. Il est important de solliciter le cœur, car c'est une source d'images qui nous indique les voies possibles.

Toutes ces méthodes ne constituent nullement un remède miracle qui nous permettrait à tous les coups de prendre la bonne décision. Parfois, elles ne débouchent sur aucun résultat tangible. Cela fait vingt ans que j'accompagne des prêtres et des religieux dans la maison de recueillement de Münsterschwarzach. Ils viennent souvent me voir parce qu'ils sont dans le désarroi : doivent-ils choisir ou pas la prêtrise, rester ou pas dans la paroisse où ils ont passé des années, entrer ou pas dans la vie monastique ? Certains sont très anxieux : ils ont trois mois pour savoir ce qu'ils veulent et de

Aides à la décision

quoi sera fait leur avenir. Or ils s'imposent souvent des exigences excessives, qui peuvent engendrer la panique lorsque, même après neuf semaines, ils ne voient toujours pas clairement dans quel sens aller. Je leur explique qu'ils n'ont pas besoin de faire un choix définitif. Il s'agit simplement de décider ce qu'ils feront au terme des trois mois : retourner dans leur paroisse ou bien demander un changement d'affectation ou une prolongation du délai de réflexion ; réintégrer les ordres ou solliciter un congé afin de poursuivre leur examen intérieur.

Dans toutes nos décisions, nous devons écouter notre âme. Parmi les religieux et les prêtres, certains ont choisi leur voie trop vite. Dès lors, il est bon qu'ils s'accordent du temps et fassent confiance à ce qui mûrit en eux. Dans le travail d'accompagnement, on sent souvent si le moment est réellement venu pour la personne de prendre une grande décision ou si elle doit encore patienter.

Si nos hôtes de Münsterschwarzach ont besoin de liberté intérieure pour prendre une bonne décision, moi aussi, en tant qu'accompagnant, j'ai besoin de cette liberté. Je dois avoir cette indifférence qu'Ignace de Loyola juge nécessaire dans le processus de décision. Je sens que j'aimerais pousser mon hôte dans une certaine direction. J'ai tendance à vouloir sauver les vocations de religieux ou de prêtre. Mais je dois me libérer de mes propres souhaits. Ce qui est en jeu, c'est ce qui apporte à l'autre le plus de profit et de réconfort, ce qui l'amène sur la voie où il trouvera le plus de vivacité, de liberté, de paix et d'amour. Pas que je puisse produire de bons résultats, rendre un prêtre à l'évêque ou maintenir une religieuse dans son ordre. Seule importe la volonté de Dieu concernant l'homme ou la femme en question. Tous les souhaits égocentriques doivent s'effacer.

5

Décision et responsabilité

CHAQUE DÉCISION s'accompagne d'une responsabilité au regard de ses conséquences. Nombreux sont ceux qui peinent à prendre une décision parce qu'ils refusent la responsabilité qui s'y attache. Ils préfèrent se cantonner au rôle passif de spectateur. Dès que nous décidons de faire quelque chose, nous assumons une responsabilité. Or celle-ci ne concerne pas uniquement notre décision, mais aussi ses conséquences.

Le sociologue Max Weber est le premier à avoir établi une distinction entre éthique de conviction et éthique de responsabilité. Il ne suffit pas, en effet, d'avoir de nobles convictions : nous sommes responsables de nos actes et de leurs suites.

Le philosophe juif Hans Jonas a placé la responsabilité au cœur de sa philosophie – son ouvrage majeur s'intitule *Le Principe responsabilité*[25]. Par nature, l'homme est responsable. La responsabi-

Choisis la vie !

lité a quelque chose à voir avec la réponse : l'homme répond à un appel de Dieu, sa vie est une réponse. Et la responsabilité engage la personnalité de l'individu. C'est en tant que personnes que nous répondons à la question d'une autre personne et, en dernier ressort, à la personne de Dieu. Nous parlons de notre responsabilité à l'égard de la création mais, en fin de compte, il s'agit toujours d'une responsabilité envers un « tu », envers le Créateur, qui nous a donné la création pour que nous la préservions et la fassions fructifier.

L'Ancien Testament nous pose trois questions essentielles auxquelles nous devons répondre. La première est celle que Dieu adresse à Adam : « Où es-tu ? » (Genèse 3, 9). Cette question interroge notre situation, les raisons de nos actes. Adam, le premier homme, se cache de Dieu. Il éprouve de la culpabilité et voudrait désavouer son acte. Il en rejette la faute sur Ève, refuse d'assumer sa responsabilité. Nous ne connaissons que trop bien ce mécanisme. Nous récusons notre responsabilité, nous nous sentons constamment victimes : ce sont toujours les autres qui sont coupables. Nous préférons les accuser plutôt que d'assumer notre responsabilité.

La seconde question de Dieu s'adresse à Caïn, qui vient de tuer son frère Abel : « Où est ton frère Abel ? » (Genèse 4, 9).

Décision et responsabilité

Caïn, lui aussi, se dérobe. Il répond : « Je ne sais pas. Suis-je le gardien de mon frère ? » (Genèse 4, 9). Dieu rappelle à Caïn sa responsabilité à l'égard de son frère. Mais Caïn la refuse et c'est précisément pour cela qu'il devra errer sans répit à travers le monde. Il ne connaîtra plus le repos, sa conscience le taraudera. Tel est le sort de celui qui refuse sa responsabilité à l'égard de ses frères et sœurs, car il a coupé le lien qui l'unissait à eux, il s'est isolé. Et parce que ce lien n'existe plus, il se sent exclu et finit par se fuir lui-même et se dérober aux conséquences de ses actes.

La troisième question posée aux hommes par Dieu touche à la vocation. Dieu demande à Isaïe : « Qui enverrai-Je ? Qui ira pour nous ? » (Isaïe 6, 8). Le prophète est prêt à répondre à cette question : « Me voici, envoie-moi » (Isaïe 6, 8). Le prophète Jérémie, quant à lui, commence par protester : « Ah ! Seigneur Yahvé, vraiment, je ne sais pas parler, car je suis un enfant ! » (Jérémie 1, 6). Mais Dieu refuse cette échappatoire : « Ne dis pas : "Je suis un enfant !" car vers tous ceux à qui Je t'enverrai, tu iras, et tout ce que Je t'ordonnerai, tu le diras. N'aie aucune crainte en leur présence car Je suis avec toi pour te délivrer, oracle de Yahvé » (Jérémie 1, 7-8). Se montrer responsable, c'est répondre à l'appel que Dieu nous adresse. Il ne s'agit pas seulement d'être responsable de soi-même et de sa propre existence, mais aussi de répondre à l'appel qui nous envoie dans le monde avec pour mission de contribuer à le façonner et à le créer.

À chaque décision, nous engageons notre responsabilité quant aux conséquences qui en découlent. Pour Hans Jonas, nous ne sommes pas seulement responsables des suites de nos actes, nous devons aussi assumer par avance notre responsabilité vis-à-vis du monde. Nous devons projeter notre regard vers l'avenir, évaluer les répercussions que nos décisions auront sur nous, sur les hommes et sur la création. Hans Jonas pose le principe suivant : « Agis de manière à ce que les effets de ton action soient compatibles avec la permanence d'une véritable vie humaine sur terre. »

Hans Jonas voit dans la responsabilité parentale l'archétype de toute responsabilité. Les parents, en effet, assument la responsabilité de leur enfant dans sa totalité, la responsabilité de son corps et de son âme, de son bien-être dans l'instant et de son développement futur[26]. Ils sont responsables de son éducation, de son caractère, de ses connaissances et de son comportement. Il en va de même pour toutes nos décisions. Nous engageons notre responsabilité à la fois dans le présent et dans l'avenir. Nous créons un espace où quelque chose peut croître

Décision et responsabilité

Nous engageons notre responsabilité à l'égard de nous-mêmes, de notre corps et de notre âme, ainsi qu'à l'égard de ceux qui nous entourent.

Cette responsabilité n'en a pas moins ses limites. En effet, nous ne sommes responsables que de nos décisions. La façon dont notre entourage réagit à nos actes relève de sa responsabilité propre. Il existe aussi des gens qui se sentent responsables de tout. Ils s'imposent là une tâche bien trop lourde. Dans les familles, c'est souvent le fait des aînés, qui ont appris à se sentir responsables des plus jeunes, chose éminemment bénéfique pour ces derniers. Le risque, cependant, est qu'ils continuent à voir en ceux qui les entourent des frères et sœurs cadets dont ils ont la charge. Or, désormais, ils ont affaire à des adultes comptables de leurs actes. Il est donc important d'assumer ses responsabilités à l'égard des autres sans se sentir soi-même responsable de tout. Jusqu'où notre responsabilité peut-elle aller sans battre en brèche celle d'autrui ? À quel moment devons-nous laisser à autrui le soin de sa propre responsabilité ?

Bien des gens ont des difficultés à se décider par crainte des conséquences de leurs choix. Ils redoutent de devoir assumer la responsabilité de quelque chose qui échappe à leurs capacités de prévision. Qui sait si leur décision ne se révé-

Choisis la vie !

lera pas néfaste pour eux-mêmes et pour leur entourage ? Dans ces conditions, ils préfèrent s'abstenir. Or cela ne sert à rien. Un chef d'entreprise qui se refuse à décider et laisse aller les choses porte préjudice à ses collaborateurs, il empêche toute évolution. De même au sein de la famille. Quand les parents ne prennent aucune décision concernant leurs enfants, ceux-ci ne savent pas sur quel pied danser. C'est un frein à l'évolution. Si les parents adoptent une décision contraire à la volonté de leurs enfants, ceux-ci ont la ressource de se révolter ou de l'accepter. Mais s'ils ne font rien, les enfants se retrouvent dans un espace dépourvu de limites où rien ne peut croître ni prendre forme.

Il est des cas, naturellement, où il vaut mieux ne pas intervenir. Cependant, dans maints domaines, l'absence de décision entrave aussi bien le développement de l'individu que celui de la collectivité, de l'entreprise ou de la société.

L'histoire offre de nombreux exemples d'hommes d'État et de généraux qui ont influencé l'avenir de leur pays par une décision intuitive. Lorsque l'Allemagne de l'Est a ouvert le Mur, Helmut Kohl a saisi l'opportunité et, par une décision rapide, a marqué le paysage politique. Parfois, c'est l'intuition d'un individu, ou même une théorie, qui façonne l'avenir. Philippe de Macédoine et Alexandre le

Décision et responsabilité

Grand ont changé le monde par leurs décisions intuitives, Lénine et Karl Marx par leurs théories. Des théories qui reposaient sur le choix d'écrire et de communiquer au monde les pensées qui s'étaient formées chez leurs auteurs.

Tout ce que nous faisons a des répercussions sur le monde. Chacune des pensées que nous exprimons produit un effet. Albert Einstein a dit un jour : « Une fois qu'on a formulé une pensée, on ne peut plus la rattraper. » Elle se déploie dans les esprits et, par voie de conséquence, dans la société tout entière.

Même nos décisions quotidiennes agissent sur notre entourage. Si nous choisissons la joie ou le déplaisir, nous ne sommes pas seuls concernés. Notre choix se communique aux autres et, à travers eux, au monde entier. Voilà pourquoi, par nos décisions quotidiennes – qu'il s'agisse d'actions, de pensées ou de sentiments –, nous engageons notre responsabilité à l'égard de nous-mêmes et du monde.

Cela signifie aussi que, par nos décisions, nous produisons un effet sur notre monde. Nos pensées, nos sentiments, nos œuvres, notre rayonnement, tout cela agit. Dès lors, il n'est pas indifférent que nous soyons guidés par des pensées agressives et destructrices ou que nous tâchions d'être en accord avec nous-mêmes. Par ce que nous faisons, par ce que nous sommes, nous creusons un sillon en ce monde. Nos actes et nos pensées nous mettent toujours en rapport avec d'autres.

Il est de notre devoir de rendre ce monde plus humain et plus aimant. C'est déjà ce que disait Sophocle dans sa tragédie *Antigone*, où il rappelait les hommes à leur responsabilité : « Je ne suis pas là pour haïr, mais pour aimer. » Telle est l'alternative. Si nous choisissons l'amour, nous ferons du bien aux autres. Si nous optons pour la haine, nous engendrerons le désastre.

6

Décision et rituels

BIEN DES GENS trouvent éprouvant d'avoir constamment à prendre des décisions. Chaque jour, c'est la même chose : à quelle heure doit-on se lever, que fait-on ensuite, que va-t-on manger au petit déjeuner, faut-il faire ceci ou cela ? Dans ce contexte, les rituels représentent un véritable soulagement en ce qu'ils structurent l'existence. Un rituel matinal bien établi évite d'avoir à décider chaque jour à quelle heure se lever et comment débuter sa journée. On accuse souvent les rituels de vider les actes de leur sens, de favoriser la routine et d'évacuer les décisions nécessaires. En réalité, il s'agit de créer une tension fructueuse entre les rituels et les décisions.

Du reste, il faut commencer par décider des rituels. La manière dont nous organisons nos journées relève de notre responsabilité. Cependant, lorsque nous avons choisi un rituel une bonne fois pour toutes, il n'est plus nécessaire de revenir quotidiennement sur certaines questions pratiques. Les rituels nous soulagent du poids que représente l'obligation constante de décider. Mais ils peuvent se vider de leur contenu et encourager le train-train quotidien et l'absence de décision. Or ils devraient au contraire créer un espace de liberté qui nous permette de prendre nos décisions en toute tranquillité au lieu de nous y dérober. Ils nous invitent également à donner à notre vie une forme bien définie : sans forme, pas de développement possible. Il en va de même dans la nature. Les rituels imitent le rythme et la croissance de la nature, ils instaurent une structure qui nous est bénéfique.

Ils ne nous libèrent pas pour autant des décisions. Si, au moment d'effectuer notre méditation matinale, nous recevons un appel pressant d'un ami ou que nous entendons crier un de nos enfants, nous sommes bien obligés de nous déterminer en faveur du rituel quotidien, de l'enfant ou de l'ami. Mais si nous sommes déjà installés pour méditer, il serait approprié de débrancher le téléphone ou de mettre le répondeur pour pouvoir méditer en toute tranquillité. Nous avons besoin de moments « sacrés » pendant lesquels nul n'est autorisé à nous déranger. Mais là aussi, il faut instaurer un juste équilibre entre ces instants préservés et notre dis-

Décision et rituels

ponibilité face aux situations toujours nouvelles où nous entraînent les autres.

Roger Schutz, feu le prieur de la communauté de Taizé, a dit un jour, en considérant les ordres traditionnels, qu'il lui arrivait d'envier leurs rituels et leurs traditions en ce qu'ils facilitaient la vie. Redéfinir chaque jour les règles communes aurait représenté une source de fatigue. De nombreux visiteurs qui partagent le rythme strict de notre quotidien monacal à l'abbaye de Münsterschwarzach en ressentent les bienfaits. Loin d'encourager la routine, ce rythme donne forme à l'existence sans exclure la nécessité des décisions : qu'il s'agisse de modeler notre quotidien de manière très concrète ou de choisir la vie et la joie contre la victimisation et les sentiments négatifs qui se déversent sur nous.

Les rituels ouvrent un espace aux décisions indispensables. Ils nous déchargent en partie des décisions mineures – touchant l'emploi du temps journalier – pour nous donner la force de nous consacrer aux sujets importants. Cela dit, l'observation des rituels est aussi une façon de vivre sa vie au lieu de la subir, de la façonner sans se la laisser prescrire. Durant le travail, je suis parfois happé par les tâches extérieures : organisation, entretiens, réponses aux multiples courriels. Les rituels m'arrachent à ces solli-

Choisis la vie !

citations et me ramènent en moi-même, me permettent de me recentrer. Je sens alors que mes décisions émanent réellement de moi.

Parfois je ne fais que réagir aux demandes que je dois satisfaire d'une manière ou d'une autre. C'est véritablement tout un art que de savoir se décider rapidement en pareille circonstance. Cela facilite la vie. Mais il m'arrive aussi d'être las de toutes ces décisions à prendre. Lorsque je fais retour en moi-même grâce à un rituel, je sens naître une forme de légèreté intérieure. J'entre en contact avec mon intuition, et c'est ce qui me permet de fournir des réponses rapides aux nombreuses petites demandes sans m'imposer une charge trop lourde.

Les rituels ne nous soulagent pas seulement de multiples décisions quotidiennes, ils peuvent aussi nous aider dans nos choix. Au monastère, nous avons des rituels pour les décisions qui relèvent de l'assemblée des frères. Certaines, en effet, requièrent d'être prises en commun, comme celles qui concernent les travaux, l'adoption de nouvelles tâches ou l'admission d'un frère désireux de faire sa profession de foi.

Lorsqu'une question est à l'ordre du jour, l'abbé expose le problème au chapitre. On en discute, puis il y a un vote à bulletins secrets. Chacun reçoit deux papiers sur lesquels sont inscrits respec-

Décision et rituels

tivement « oui » et « non ». Il choisit l'une ou l'autre réponse et donne son vote. Au séniorat, le comité qui assiste l'abbé dans les questions de recrutement et d'orientation générale, il existe un autre rituel de décision : après la discussion, chaque motion est reformulée. Les membres du comité reçoivent une boule blanche et une boule noire. Celui qui approuve la motion place la boule blanche dans un récipient fermé, celui qui la rejette met la boule noire. Après quoi l'abbé ouvre la boîte et voit tout de suite combien il y a de boules de chaque couleur.

Tous les groupes, y compris l'État, connaissent un rituel électoral. Quand une personne est élue, on lui demande si elle accepte le verdict des urnes. Elle doit alors prendre sa décision.

Il y a d'autres formes de rituel qui peuvent nous aider dans nos décisions personnelles : un délai, par exemple quand nous espérons que la nuit nous portera conseil, un moment de calme, une prière préalable ou encore une demande adressée à d'autres de prier pour nous.

On peut aussi, lorsqu'on nous sollicite par téléphone, refuser de répondre sur-le-champ et réclamer un temps de réflexion. L'un de mes rituels de réponse consiste à ne jamais justifier mon accord ou mon refus. Je me contente de dire : « J'accepte » ou : « Je refuse ». Dès que je

Choisis la vie !

dois me justifier, il en résulte une discussion inutile. Une réponse ritualisée apporte de la clarté. Et en l'occurrence, elle m'évite de me laisser bousculer.

Autrefois, quand la raison ne fournissait pas d'arguments suffisants pour trancher, on s'en remettait au sort. C'était une manière de confier à Dieu le soin de décider. C'est ce que font les apôtres en tirant au sort pour choisir l'homme qui remplacera Judas en qualité de douzième apôtre. Auparavant, toutefois, ils ont adressé une prière à Dieu : « Toi, Seigneur, qui connais le cœur de tous les hommes, montre-nous lequel de ces deux Tu as choisi pour occuper, dans le ministère de l'apostolat, la place qu'a délaissée Judas pour s'en aller à sa place à lui » (Actes des apôtres 1, 24).

À l'heure actuelle, certains accomplissent d'autres formes de rituel. Avant de prendre la décision d'entrer dans les ordres, de se marier ou de changer d'emploi, ils vont à Saint-Jacques-de-Compostelle ou dans un autre lieu de pèlerinage. D'autres allument une bougie pour faire la lumière en eux ou sortent se promener afin de s'éclaircir les idées.

Même si les petits moments de pause entre la demande et la décision ne produisent pas toujours les effets escomptés, il n'en est pas moins utile de marquer un bref temps d'arrêt et de se mettre à l'écoute de son cœur ou de son intuition.

Décision et rituels

Chacun a ses rituels, qui évitent le recours aux arguments purement rationnels et permettent à la confiance d'apparaître.

Il y a enfin les rituels qui manifestent à l'extérieur les décisions prises : le mariage civil, par exemple, et plus encore la cérémonie religieuse. Ces rituels extérieurs expriment l'engagement des partenaires et l'attestent devant les témoins et les invités. Il ne s'agit donc pas simplement d'une fête. Pour le conseiller conjugal Hans Jellouschek, « un acte symbolique, rituel et public, peut puissamment aider à "incarner" la décision du couple. C'est une façon claire de marquer le passage à une autre phase de la vie. Pour cette raison, un rituel public et collectif se révèle d'une valeur inestimable[27] ». Il en va de même pour les rituels qui rendent publique une élection ou une décision, comme l'ordination d'un prêtre ou d'un abbé ou la prise de fonctions d'un maire ou d'un ministre.

Manifestement, le rituel donne à l'individu l'énergie nécessaire pour assumer sa décision. Et face aux témoins, il lui confère un sentiment de responsabilité, mais aussi de clarté et de confiance : désormais l'intéressé a choisi son rôle, sa tâche, et il en assume la responsabilité.

7

Les différentes catégories de décisions

QUAND nous parlons de décision, nous renvoyons à des domaines très divers. Il y a les grandes décisions existentielles, qui engagent pour la vie et exigent de longues réflexions. Il y a les décisions plus ponctuelles, qui s'appliquent au cadre professionnel, aux relations de couple, qui concernent l'opportunité d'aller à tel endroit, de dire ou faire telle chose. Enfin, il y a les décisions fondamentales, qui déterminent notre vision de l'existence. C'est tout cet ensemble que j'aimerais examiner de plus près.

Choisir sa vie

Quand il s'agit de décisions existentielles, on ne peut pas se fier uniquement à son intuition. Comme elles engagent l'avenir, elles demandent du temps. Opter pour le mariage ou le célibat, instaurer une relation de couple ou rompre et suivre une autre voie, partir quelques années travailler à l'étranger ou s'y rendre en qualité de coopérant, choisir ses études, s'orienter professionnellement : ce genre de décision ne se prend pas en un instant. Certains, on l'a dit, cherchent à s'y dérober. Je connais des personnes qui prétendent vouloir entrer dans les ordres, tout en expliquant qu'elles doivent d'abord s'occuper de leurs parents. Lorsque j'entends ce type de propos, j'ai toujours le sentiment qu'il s'agit d'un prétexte. Quand on parle en ces termes, c'est qu'on ne se décidera jamais.

Cela m'évoque les paroles de Jésus répondant à un homme qui veut le suivre après avoir enterré son père : « Laisse les morts enterrer leurs morts ; pour toi, va-t'en annoncer le Royaume de Dieu » (Luc 9, 60). Il y a des personnes qui attendent la mort de leurs parents pour se décider. Mais à ce moment-là, il est généralement trop tard, la plupart des portes se sont fermées.

Il y a un temps pour les décisions existentielles. Si nous le manquons, c'est la vie qui décide à notre place, qui fixe de l'extérieur notre trajectoire. Dès lors, nous la subissons au lieu de la vivre.

Bien des gens n'osent pas choisir le métier qui les attire parce que leurs parents ont besoin d'eux. Prendre la

Les différentes catégories de décisions

décision de s'occuper de ses parents peut être parfaitement justifié, mais dans ce cas, il faut faire le deuil des possibilités auxquelles on renonce. C'est à cette seule et unique condition que nous mettrons notre décision en œuvre de manière bénéfique. Autrement, nous reprocherons toujours plus ou moins consciemment à nos parents d'être responsables du fait que nous n'avons pas suivi d'études, que nous ne sommes pas partis à l'étranger ou que nous n'avons pas exercé le métier que nous souhaitions.

Chaque fois que nous prenons une décision, nous devons en examiner les conséquences et faire notre deuil de ce que nous excluons. Nous pourrons alors nous consacrer pleinement aux tâches que nous avons choisies.

Certains ont besoin de se sentir confortés avant un choix important. Ils veulent convaincre leurs parents de la justesse de leur décision, recherchent l'approbation de leurs amis avant de sauter le pas. C'est à ce genre de situation que pense Luc lorsqu'il évoque un homme qui veut suivre Jésus et déclare : « Je te suivrai, Seigneur, mais d'abord permets-moi de prendre congé des miens » (Luc 9, 61). Pour moi, cette prière signifie qu'il a besoin de l'approbation de sa famille avant d'oser partir. D'un côté, il veut suivre sa propre voie, qu'il estime juste au regard de Dieu. De l'autre, il quête

Choisis la vie !

l'approbation de ses amis et de ses proches. À cela, Jésus répond de manière radicale : « Quiconque a mis la main à la charrue et regarde en arrière est impropre au Royaume de Dieu » (Luc 9, 62). Par cette phrase, Jésus nous exhorte à faire confiance à notre propre sentiment. Quand nous penchons en faveur d'une décision, il faut aller dans ce sens sans rechercher des garanties.

Décider, c'est s'exposer à ne pas être compris, à devoir se passer de l'assentiment général. La décision est synonyme de solitude, souvent elle nous prive du soutien de la collectivité. Pourtant, l'impulsion intérieure est claire, il faut lui obéir. Et la décision exige que l'on regarde devant soi. Si l'on ne cesse de regarder en arrière et de questionner le bien-fondé de son choix, le sillon que l'on trace sera de travers. En revanche, si nous avons les yeux fixés vers l'avant, nous tracerons un sillon net et profond dans le champ de notre existence.

Il est bon de prendre conseil avant des décisions importantes sans pour autant s'en remettre aux autres. Qu'ils nous donnent leur point de vue ou leur sentiment, la décision, elle, nous appartient. Nous pouvons avoir besoin de réfléchir longuement, de prier, de consulter d'autres personnes, mais abstenons-nous de leur demander : « Et toi, quelle décision prendrais-tu ? »

Les différentes catégories de décisions

En revanche, qu'on nous interroge sur nos motivations est une bonne chose. Notre décision d'entrer dans les ordres cache-t-elle une peur du monde, la crainte de se lier ? Pourquoi optons-nous pour ou contre la vie à deux ? Est-ce la peur de rester seul ? Celle de se lier et de s'imposer dans sa vérité à son partenaire ? Redoutons-nous de nous exposer ? Préférons-nous refuser tout engagement pour nous dérober au regard des autres ? Ou bien voulons-nous les deux à la fois : fuir la solitude tout en restant libres et en nous ménageant une porte de sortie ? Les doutes que nous éprouvons à l'égard d'une personne doivent-ils nous inciter à la quitter ? Ou sont-ils l'expression d'attentes disproportionnées ? Comme nos réflexions ne nous permettent souvent pas de trancher, nous avons besoin que l'on nous tende un miroir afin de mieux évaluer nos raisons et nos pensées.

Face à des décisions existentielles, il est important de dresser une liste des arguments pour et contre. C'est déjà une façon de voir dans quel sens penche la balance – à cette réserve près, comme on l'a dit, que les arguments rationnels ne suffisent pas en la matière.

L'étape suivante consisterait à passer ses raisons en revue : pourquoi souhaitons-nous partir à l'étranger ? Pourquoi avons-nous envie de choisir tel métier ou tel emploi ? Sommes-nous poussés par

Choisis la vie !

l'ambition ? Guidés par une nécessité intérieure ? Est-ce l'attrait de la nouveauté, le goût de l'aventure ? Tous ces motifs peuvent être présents. Inutile de croire que nos raisons sont pures. Au contraire, elles sont toujours mêlées. Dès lors, il serait opportun de dégager celle qui domine et de s'assurer de sa solidité. Après quoi nous pourrons nous adresser à Dieu : notre motivation est-elle conforme à sa volonté ? Choisissons-nous une voie où nous nous ouvrirons à Dieu ou cherchons-nous seulement à nous affirmer ?

Même si l'ambition conditionne fortement notre choix de carrière, il peut être intéressant d'aller dans ce sens. Car plus nous avons d'influence, plus nous sommes en mesure d'agir en ce monde. Et plus nous avons de pouvoir, plus nous avons les moyens de l'utiliser de manière salutaire. L'essentiel est de rester accessible à Dieu tout en satisfaisant sa propre ambition, son désir de reconnaissance et de pouvoir, et de se dire : « Il ne s'agit pas de moi, il faut rendre visible le Royaume de Dieu, permettre à Dieu d'agir avec plus de force et d'efficacité à travers moi. »

Je rencontre un grand nombre de croyants qui ont du mal à prendre des décisions professionnelles. Ils préfèrent conserver un emploi subalterne même quand on leur fait une offre plus intéressante. Par crainte d'être carriéristes, ils

Les différentes catégories de décisions

s'en tiennent à des prétentions modestes. Pourtant il n'y a rien de mal à vouloir faire carrière. C'est l'occasion de prendre davantage de responsabilités et d'avoir un nombre accru de possibilités d'action. Plus nous avons de pouvoir, plus nous pouvons l'employer au bénéfice d'autrui. Au lieu de rejeter en bloc pouvoir et carrière, nous devrions les exercer selon l'esprit de Jésus. Le pouvoir nous permet, à notre mesure, de servir les hommes dans l'esprit du Christ.

Toutes les méthodes que nous avons détaillées jusqu'à présent – la prière, le silence, la mise en scène d'une alternative et l'examen des sentiments qui en résultent – sont des aides possibles. Mais quel que soit le moyen utilisé, il arrive un moment où l'on doit passer à l'acte. Nous ne pouvons pas – j'insiste sur ce point – repousser indéfiniment ce genre de décisions. Nous devons sauter le pas, nous fier à nos choix et à leur capacité à nous faire progresser. Que les conséquences de nos décisions nous rendent heureux ou non n'est pas déterminant. Ce qui compte, c'est la confiance que nous avons, le sentiment de pouvoir évoluer intérieurement dans la voie choisie, de nous transformer pour nous rapprocher de notre vérité singulière, de la forme spécifique et originelle créée par Dieu.

Choisis la vie !

Décider au sein du couple

Il arrive qu'un couple connaisse une situation de crise parce que l'un des partenaires a du mal à prendre des décisions. Cela peut se manifester dans le quotidien. Un homme, par exemple, parlera de vendre sa voiture mais au bout de cinq ans n'aura toujours rien fait. Sa femme se sent continuellement obligée de le pousser, au point que cela en devient paralysant – sans compter que ses efforts restent vains. Et, au bout du compte, elle aura peut-être à prendre les décisions à la place de son mari.

Vivre avec un partenaire indécis peut se révéler très éprouvant à la longue. Il y a un déficit d'engagement et de clarté. À quoi se fier ? L'autre promet, mais ne fait rien. Untel assure qu'il travaillera moins pour consacrer plus de temps à sa femme, cependant cette promesse reste lettre morte. Ces expériences répétées engendrent souvent chez la femme une grande lassitude. Elle perd l'envie de se battre, elle n'a plus confiance en son mari puisqu'il ne respecte pas ses engagements.

S'il y a des partenaires incapables de se décider, il y en a aussi qui décident de tout : des activités du foyer, de la destination des vacances, de l'organisation des week-ends... Parfois, leur conjoint y

Les différentes catégories de décisions

trouve son compte. C'est souvent l'homme qui décide. Cette facilité de décision qui représente un avantage dans le domaine professionnel, il l'applique aussi chez lui. Or il arrive un moment où la femme se sent comme mise sous tutelle. On ne lui demande pas son avis. Elle a l'impression que c'est son mari qui détermine sa vie. Elle va devoir s'insurger et lui faire comprendre qu'il faut trouver un moyen de répartir équitablement les décisions. La relation ne pourra perdurer que si chacun des partenaires a le sentiment de participer aux décisions au sein du couple et de la famille. Cela signifie que tous deux jouissent des mêmes droits.

Une femme m'a dit que souvent, les décisions résultaient de compromis bancals, qui ne profitaient à personne. Nous sentons si un compromis est viable ou pas, sur ce point notre sentiment est un guide sûr. Et au lieu de multiplier les compromis insatisfaisants, il vaudrait mieux suivre la suggestion du conseiller conjugal Hans Jellouschek, qui propose aux époux l'expérience suivante : pendant une semaine, c'est le mari qui décidera du programme des soirées et du week-end ; la semaine suivante, sa femme prendra le relais. Dans chaque cas, celui qui n'est pas en charge des décisions doit accepter les propositions de l'autre – ce qui ne signe pas la mort de toute liberté, au contraire le procédé peut produire des expériences intéressantes, dont on ne se serait pas cru capable. L'important, en revanche, est d'accepter pleinement les décisions de l'autre. Chaque couple doit trouver sa manière de fonctionner pour que les deux partenaires se sentent pris au sérieux et que personne ne soit désavantagé.

Outre les décisions quotidiennes, il y a aussi la question de l'existence même du couple. C'est là un point qui n'est plus évident de nos jours. Hans Jellouschek rapporte une idée actuellement très répandue, selon laquelle l'amour aurait juste besoin de se déployer et de se développer sans être entravé par des décisions, en « une sorte d'idée de croissance sur le modèle biologique[28] ». Jellouschek y décèle une grande part d'idéologie. Il se montre compréhensif à l'égard de cette vision des choses dans la mesure où, autrefois, la décision du mariage avait souvent une valeur absolue et pouvait causer beaucoup de souffrances. Cependant, aller dans le sens inverse et fuir les décisions finit par créer ce que Jellouschek baptise avec une certaine ironie le « modèle du couple "périmé"[29] ». Quand deux personnes vivent ensemble à l'essai sans jamais vouloir prendre de décision, cela engendre un sentiment d'ennui et de déception insidieuse. « Si

Les différentes catégories de décisions

les partenaires sont honnêtes, ils reconnaîtront que seule l'habitude les attache encore l'un à l'autre. Sans qu'il se soit rien passé de particulier, sans que l'un ait réellement blessé l'autre, ils sont arrivés au bout de leur relation. Leur amour s'est "périmé"[30]. » De nombreuses relations traversent une crise parce qu'elles reposent sur l'indécision.

Pour Jellouschek, l'amour conjugal est effectivement un processus, mais décision consciente et processus de croissance ne lui paraissent absolument pas incompatibles : « Décider, fixer, donner forme s'inscrivent dans l'évolution de l'homme, ainsi que dans l'amour et la relation de couple[31]. » Notre oui à l'autre reste souvent inconscient. Or il est nécessaire qu'il devienne conscient : « Il faut que je me décide consciemment, volontairement, expressément pour l'autre si je veux réellement pouvoir l'atteindre, si je veux que mon affection devienne don de soi[32]. » Et comme nous autres, êtres humains, sommes des créatures de chair, douées d'organes sensoriels, « le choix d'une relation ne [doit] pas seulement être conscient, il doit aussi être rendu visible[33] ».

Lorsque deux personnes se prononcent clairement l'une pour l'autre, cette décision dote la relation d'une qualité nouvelle. Et quand elle s'accomplit dans un rituel public, c'est une aide considé-

Choisis la vie !

rable. Ce genre de rituel constitue toujours un engagement. Voilà ce qui paraît aujourd'hui si difficile à tant de jeunes gens. Mais « si [l'on] refuse d'emblée la durée et l'engagement, [on] ne s'implique pas complètement dans la relation et [on] la relativise d'entrée de jeu[34] ».

Il ne suffit pas de prendre une décision au début de la relation. Presque tous les couples ont un jour à choisir s'ils veulent ou non se séparer. Il faut alors reprendre une décision. D'aucuns préfèrent s'en dispenser et laisser aller les choses. Supposons qu'un homme entretienne une relation extraconjugale. Sa femme le somme de choisir entre elle et sa maîtresse. Mais c'est peine perdue, l'homme préfère s'en tenir au statu quo : continuer à jouer au respectable époux et au père fidèle tout en ayant la liberté d'aller chez sa maîtresse quand bon lui semble. Les exhortations de sa femme le laissent indifférent. Et il ne s'accordera pas de moment où il pourrait prendre une décision. Dans ce genre de situation, c'est la femme qui finit par agir. Elle va parfois jusqu'à déposer les affaires de son mari devant la porte et faire changer la serrure pour que celui-ci comprenne que l'heure n'est plus à la plaisanterie. L'absence de décision est usante pour les partenaires. Un choix clair, même s'il est douloureux dans un premier temps, vaut toujours mieux que pas de choix du tout.

Les différentes catégories de décisions

Il est fréquent que l'on repousse la décision de se séparer au motif que les enfants sont encore trop jeunes. Cette raison est parfaitement légitime dans la mesure où les parents sont également responsables de leurs enfants. Or le bien-être de ces derniers compte tout autant que celui des conjoints. Parfois, il peut être salutaire pour les parents de retarder, voire d'oublier la décision de se séparer pour s'occuper ensemble des enfants et leur offrir la sécurité d'une famille.

Cela dit, l'argument ne tient pas toujours. Quand le désaccord est total, quand il n'y a plus de vie commune ou de coexistence loyale, mais juste une guérilla et une agressivité constantes, les enfants ne peuvent manquer de le sentir. Pour eux, c'est une situation pesante, source de déchirement. Dans ces conditions, il vaut mieux que les parents se séparent.

Encore faut-il qu'ils le fassent à l'amiable. Certains restent amis et assument convenablement leurs responsabilités à l'égard des enfants. Ils ne cherchent pas à les instrumentaliser. Il arrive même que les couples se comprennent mieux après s'être séparés que lorsqu'ils étaient unis par une relation souvent trop étroite. La séparation peut créer de l'espace. Dans ce cas, il faut se demander si l'on veut continuer à vivre séparés ou s'il est possible de reprendre la vie commune.

Décider au travail

Les cadres d'entreprise sont constamment obligés de prendre des décisions et ils sont nombreux à se sentir débordés. Leurs collègues les sollicitent pour savoir comment rédiger une offre, réagir aux réclamations d'un client, décider de l'attribution d'un contrat. En pareille circonstance, le chef de service n'a pas le loisir de réfléchir pendant des heures : on attend de lui une réponse rapide. De ce fait, la pression peut paraître lourde. Et il y a toujours la crainte d'être blâmé pour les conséquences éventuellement négatives d'une décision malheureuse.

Un directeur de banque m'a raconté qu'à l'heure actuelle, les employés se montraient de plus en plus réticents à prendre des décisions. Ils ne veulent pas se voir reprocher un crédit non remboursé, par exemple. Du coup, on fuit les décisions, ou bien on réclame des assurances tout à fait irréalistes. En effet, de nombreuses entreprises, incapables de fournir toutes les garanties exigées, essuient un refus de la part de la banque. La confiance n'a plus cours. S'il faut désormais des garanties irréfutables pour obtenir un crédit, il est probable que l'on cessera de prêter de l'argent, ce qui paralysera l'économie et pénalisera aussi bien l'entreprise que la banque – et le préjudice sera plus élevé que si le client se révélait insolvable.

En tant que cellérier, économe du monastère, je suis constamment amené à prendre des décisions, par exemple lorsqu'on effectue des travaux dans l'abbaye. Nous avons des réunions au cours desquelles nous discutons du programme. J'écoute les propositions des contremaîtres. En général, nous trouvons un terrain d'entente, mais il arrive que leurs arguments fassent débat. Chacun défend une position plutôt fondée et la discussion ne suffit pas à clarifier les choses. On me demande alors de trancher. Il va de soi que cela ne relève pas de l'arbitraire. J'écoute ce qui est dit, après quoi j'opte pour ce qui me convainc le plus en mon for intérieur. Je ne peux pas toujours en rendre compte rationnellement, souvent je suis obligé de recourir à l'intuition.

Cependant, même les réunions ne permettent pas d'envisager toutes les questions qui surgissent en cours de travaux. C'est ainsi que l'électricien vient me demander où il doit installer les boîtes de dérivation ou les prises de courant. Je lui demande ce qu'il en pense. Parfois, il n'a pas vraiment d'avis sur la question et attend de moi une décision rapide. Si, à chaque petite décision, je devais en référer à un comité, je ne ferais que retarder inutilement l'avancée des travaux. Bien sûr, mes décisions se heurtent parfois à la critique des frères. Il relève alors de ma responsabilité de ne pas me déjuger. Certains vont jusqu'à exiger qu'on revienne sur ce qui a été décidé. Cependant, la plupart du temps, j'arrive à montrer qu'il n'est pas très important que la prise de courant se trouve ici ou là. La décision a été adoptée, on n'y reviendra pas. En revanche, si elle se révèle fâcheuse, je la révise.

Les artisans attendent une décision claire. Pour cela, il faut que je commence par écouter les arguments exposés et que je me fasse mon opinion. Ensuite, c'est à mon intuition de prendre le relais et de me dicter ma décision. Les frères et les collaborateurs ne le ressentent pas comme un acte d'autorité, mais comme un facteur de clarté. Ils n'aiment pas qu'on repousse sans cesse les décisions, cela les gêne dans la poursuite de leur travail.

J'entends souvent des managers se plaindre d'être constamment obligés de décider – en général sous pression. Souvent, ils n'ont même plus la possibilité d'écouter leur intuition. C'est, par exemple, un collègue qui les appelle sans crier gare pour leur demander de prendre sur-le-champ une décision. Le manager

Les différentes catégories de décisions

n'a guère le temps de la réflexion, il faut réagir immédiatement. Parfois, d'ailleurs, il a l'impression de devoir décider en lieu et place de collaborateurs qui ne savent pas se débrouiller. Or cela relève aussi de sa fonction dans la mesure où il occupe un poste de responsabilité. Cette responsabilité se traduit, entre autres, par la nécessité de prendre des décisions pour des collaborateurs incapables de le faire eux-mêmes.

Dans toutes les entreprises, on se réunit pour prendre des décisions collectives. Certains sont las de ces réunions où l'on a tendance à trop parler et à temporiser. Cependant, il peut y avoir des impératifs de temps très stricts : on déclare ainsi, d'entrée de jeu, qu'à la fin de la séance, il faudra avoir fait un choix concernant la stratégie, le produit ou la campagne publicitaire en discussion. Dès lors, le manager a souvent l'impression que l'on procède à la va-vite. Mais la pression est là, il faut décider au mépris du temps nécessaire à l'élaboration d'un bon processus décisionnel.

Lors d'un séminaire de direction destiné aux collaborateurs de Daimler, notre abbé s'est trouvé engagé dans une assez longue discussion. Les participants lui avaient demandé comment les moines s'y prenaient pour décider. L'abbé expliqua que les décisions importantes relevaient de l'assemblée des frères. S'il

Choisis la vie !

sentait que le vote serait déterminé par une logique d'affrontement, il ajournait la décision et proposait de se retrouver une semaine plus tard. Dans l'intervalle, il devenait possible de clarifier les questions litigieuses et de réfléchir tranquillement. Les émotions parfois vives qui s'étaient manifestées au cours de la première réunion avaient le temps de s'apaiser. Et lors de la seconde rencontre, on parvenait généralement à dégager un large consensus.

Un vote d'affrontement aurait conduit à un blocage de la part des frères mis en minorité, qui se seraient sentis insuffisamment entendus. Ou alors ils se seraient impliqués sans conviction dans la mise en œuvre de la motion adoptée. Dans ces conditions, il convenait d'être prudent, d'avoir le sens du moment opportun et d'éviter la pression.

Pour qu'une bonne décision puisse être adoptée collectivement en entreprise, il faut créer un climat favorable. Autrement dit, il est souhaitable d'annoncer à l'avance les décisions importantes et de ménager du temps entre la discussion de groupe et la prise de décision. Lors d'une première réunion, on examine les possibilités, on se familiarise avec le problème et, deux jours plus tard, on se retrouve pour décider. Dans l'intervalle, chacun aura eu le temps d'écouter son intuition. Les arguments rationnels ne suffisant pas

Les différentes catégories de décisions

à arracher une décision incontestable, il faut se fier à son impulsion intérieure. Et l'on a besoin de temps pour explorer les faits nouveaux, apprécier l'humeur du personnel et envisager tout l'éventail des possibles.

Il arrive que les managers s'abritent derrière une décision de groupe sous le prétexte qu'elle rend inutile toute discussion ultérieure. Cependant, les décisions collectives se prennent parfois d'étrange manière. On ne se décide pas toujours sur la base d'éléments factuels, la stratégie peut aussi entrer en ligne de compte. Certains se décideront dans un sens donné pour contrer l'influence d'autres membres du groupe. La dynamique collective peut se révéler déterminante. D'autres soutiendront leur chef pour se faire bien voir de lui en espérant en tirer profit. Une décision collective ne peut donc être bonne que si chacun des participants assume la responsabilité de sa propre décision. Chaque membre du groupe doit décider comme s'il était seul responsable.

Décider au quotidien

Le quotidien nous impose des décisions constantes. Les enfants, par exemple, nous demandent l'autorisation de faire telle ou telle chose. Le fils veut sortir en boîte, la fille aimerait passer la nuit chez une amie. Ils attendent une réponse rapide. Si les parents voulaient discuter de ces questions en conseil de famille, les enfants se chargeraient eux-mêmes de trancher et finiraient par ne plus rien demander. Pour que les décisions soient rapides et adaptées, il faut de la clarté intérieure et des arrangements établis d'un commun accord.

Mais la place de la décision dans le quotidien est plus grande encore. La nécessité de décider, en effet, se manifeste dès le matin. Quand le réveil sonne, soit on reste encore un peu au lit, soit on se secoue et on se lève immédiatement. Et ensuite ? Comment va-t-on s'habiller ? Pour les moines, ce n'est pas un problème, ils portent toujours la même tenue ! Mais je connais des femmes, notamment, qui mettent un temps fou à décider ce qu'elles vont porter, entre autres parce qu'elles s'interrogent sur les possibles réactions de leurs collègues.

Après, il y a le petit déjeuner. Un grand nombre de gens mangent toujours la même chose sans trop se poser de questions. Pour d'autres, c'est un sujet de réflexion : thé ou café ? C'est là que l'on voit à quel point les rituels ou les bonnes habitudes permettent d'être économe de son énergie. Quand on a ritualisé le petit déjeuner, il n'y a plus de décision à

Les différentes catégories de décisions

prendre. La journée commence tranquillement et on se sent bien.

La femme au foyer n'arrête pas, elle non plus, de prendre des décisions. Il y a les repas à préparer, les courses à faire. Par quoi commencer, le ménage ou les courses ? Elle sait ce qui l'attend et doit rapidement organiser sa journée.

Notre quotidien est marqué par une imbrication entre les habitudes et les décisions à prendre. S'il se réduit à une succession d'habitudes, il se vide progressivement de son contenu. S'il se résume à des décisions à prendre, il devient éprouvant. Il faut toujours des deux : les habitudes, qui nous soulagent, et les décisions.

Certains ont du mal à faire face aux petites décisions du quotidien. Avant de rendre visite à une connaissance, par exemple, ils passent un temps excessif à réfléchir à ce qu'ils vont mettre et au cadeau qu'ils apporteront. Ils n'osent pas se fier à leur sentiment, se demandent ce que l'autre pensera de leur tenue et du présent qu'ils lui offriront. Le trouvera-t-il trop petit, trop mesquin ? Y verra-t-il un effort pour le circonvenir ou l'humilier ? Si nous nous accordions une brève pause pour écouter notre sentiment intérieur sans nous noyer dans les spéculations, cela nous soulagerait. Et nous prendrions des décisions appropriées, qui émaneraient vraiment de nous au

Choisis la vie !

lieu d'être en grande partie le reflet des autres.

Il arrive qu'on se sente nerveux lorsqu'on est invité à dîner chez des amis ou à se rendre à un concert. On est partagé entre le plaisir de sortir et les doutes intérieurs, et parfois cela crée un véritable état de confusion : « Qu'est-ce que je vais bien pouvoir dire ? Qu'est-ce qui m'attend ? Comment va-t-on se comporter avec moi ? Qui sera là ? Est-ce que je m'entendrai avec les autres ?... » Quelle énergie dépensée à se demander si l'on doit ou non accepter l'invitation ! Et lorsqu'on souhaite rendre visite à quelqu'un, d'autres doutes surgissent : « La visite lui sera-t-elle agréable ? Peut-être n'a-t-il pas le temps de me recevoir. Peut-être ne va-t-il pas bien. Peut-être n'a-t-il pas envie de me parler de ses problèmes... »

Une femme m'écrivit un jour qu'elle serait ravie d'assister à une de mes conférences. Or une rencontre fut organisée non loin de l'endroit où elle habitait. La femme ne vint pas. Elle n'était pas parvenue à se décider. D'un côté, elle voulait m'écouter, puis venir me parler à l'issue de la conférence. De l'autre, elle était en proie au doute : allait-elle supporter de se retrouver dans une église bondée ? Devait-elle me rencontrer ? Elle risquait de me faire mauvaise impression, de ne pas savoir quoi dire, d'être

Les différentes catégories de décisions

maladroite. Elle passa beaucoup de temps à tergiverser et, pour finir, décida de ne pas assister à la conférence. Mais cette décision n'avait pas été prise librement. Par la suite, elle commença à s'adresser des reproches pour avoir manqué l'occasion offerte.

Les personnes qui manquent de confiance en elles transforment les décisions anecdotiques en drames qui les bouleversent et les occupent des jours durant. Il vaudrait beaucoup mieux s'accorder le temps de s'asseoir et de réfléchir. Et, une fois la décision prise en fonction de son intuition, de s'y tenir et de ne plus la remettre en question. Si l'on a choisi d'assister à la conférence, on y va en arrêtant d'imaginer tout ce qui pourrait se produire. Si l'on a choisi de ne pas y aller, on ne s'accable pas de reproches.

Certains ne parviennent pas à relativiser les petites décisions. Bien qu'elles soient dénuées d'importance, ils en font tout un drame. S'agit-il de se rendre chez le médecin ? On se creuse la cervelle pour savoir quand y aller. Ou bien l'on craint qu'il ne soit difficile d'obtenir rapidement un rendez-vous. Alors on temporise. Or il est bon de savoir faire face aux exigences constantes du quotidien. Et nous nous compliquons inutilement la vie en transformant la moindre décision

Choisis la vie !

en un problème énorme qui nous mine et va jusqu'à nous empêcher de dormir.

Lors de décisions importantes, bien des facteurs entrent en jeu : la peur, la crainte de la réaction des autres. Mais souvent, c'est le manque de confiance en soi qui prédomine. Il y a beaucoup de gens qui ne savent pas ce qu'ils veulent. Et quand ils ont une décision à prendre – souvent sans grande portée –, ils se retrouvent confrontés à leur indécision et commencent à se poser des questions fondamentales : « Qu'est-ce que je veux faire de ma vie ? Comment est-ce que je dois vivre ? Qu'est-ce qui me fait du bien ? Quel est le sens de mon existence ? »

Quand on me confie les problèmes rencontrés pour se décider au quotidien, voici quel est le conseil que je donne : prenez quelques instants pour vous écouter. Avez-vous envie d'aller à telle conférence, de rendre visite à telle personne, d'accepter une invitation à un concert ? Si c'est le cas, si cela vous tente, alors faites-le, choisissez de le faire. Ensuite, ne revenez plus sur votre décision.

Si vous commencez à ruminer, à réfléchir aux réactions éventuelles des autres ou aux incidents qui pourraient se produire, interdisez-vous ces pensées. Elles ne vous mèneront nulle part, elles vous feront juste tourner en rond. Si vous

Les différentes catégories de décisions

refusez l'invitation parce que la peur est trop forte, tenez-vous-en à votre décision et ne vous reprochez pas d'avoir été lâche. C'est votre choix. Restez-en là.

Si les reproches surviennent malgré tout, voyez cela comme une incitation à suivre votre impulsion à la prochaine occasion au lieu d'obéir à vos peurs et à vos doutes. Car vous vous êtes rendu compte que ceux-ci vous éloignaient de ce qui vous faisait du bien.

Ne vous reprochez pas d'avoir du mal à vous décider. Réconciliez-vous avec vos difficultés. Et puisque désormais vous les connaissez, tâchez de moins ruminer lorsque vous aurez une autre décision à prendre. Soyez à l'écoute de vous-même et faites confiance au premier sentiment qui surgit en vous. Puis décidez, engagez-vous et arrêtez de réfléchir. Bannissez toute pensée qui remet votre décision en cause : « Non, je ne laisserai pas cette pensée pénétrer dans la demeure de mon âme. Elle restera à la porte ! » Et cessez de questionner la pertinence de votre choix.

Que vous décidiez d'aller ou non à la conférence, la seule chose qui importe, c'est votre décision. Respectez-la et elle sera toujours bonne et enrichissante. Même si l'expérience vous expose à des difficultés, elle est bonne. Et votre décision était juste.

Choisis la vie !

L'attitude face à l'existence

Kay Pollak, le metteur en scène du film primé *La Chorale du bonheur*, a écrit un livre intitulé *Choisir la joie*[35]. Même si je ne suis pas toujours d'accord avec lui, il me semble qu'il aborde des aspects importants de notre existence. Il explique ainsi que nos pensées exercent une influence sur notre humeur et même sur notre corps. Une tristesse continuelle, par exemple, s'exprimera aussi à travers le corps.

Nous ne pouvons empêcher les pensées de survenir. C'est déjà ce que disaient les moines d'autrefois. Toute la question est de savoir quel espace nous accordons aux pensées négatives. Inutile de les refouler, ce serait se soumettre à l'injonction d'aller toujours bien. La tristesse et la peur, la colère et le doute font partie de nous, il n'est pas question de les repousser. Mais sommes-nous contraints de nous laisser gouverner par les pensées et les sentiments négatifs ? Nous avons le pouvoir de « décider de nous intéresser aux pensées qui ont sur nous une influence positive. Nous avons même la capacité de choisir consciemment les pensées et les représentations qui combattent nos images négatives[36] ».

Jadis les moines disaient : « Nous ne sommes pas responsables des pensées qui

Les différentes catégories de décisions

nous viennent. » Elles viennent, que nous le voulions ou non. En revanche, nous sommes responsables de la façon dont nous en usons. Si nous les repoussons, elles reviendront. Il vaudrait mieux les examiner, les accepter, tout en instaurant consciemment une distance avec elles.

Autorisons-nous la colère à l'égard d'un collègue, mais sans nous laisser envahir. Décidons d'évacuer cette colère, ici et maintenant, et arrêtons de penser au dit collègue. Voilà un premier moyen de se libérer des sentiments négatifs. Le second consiste à essayer de modifier notre regard. Si nous voyons notre collègue à travers les lunettes de la colère, nous ne découvrons en lui que des traits négatifs. En décidant de changer de lunettes, nous serons sensibles à d'autres aspects de lui. Nous verrons alors son manque d'assurance, son désir d'être accepté et aimé par les autres. Dès lors, nous vivrons la situation très différemment.

Il dépend donc de nous de transformer notre vision des choses. Gardons-nous cependant de penser que nous avons la faculté de décider de tout à notre guise : nous devons tenir compte de la réalité, elle ne se laisse pas infléchir. Et surtout, arrêtons de nous croire tenus d'aller toujours bien.

Lorsque Pollak affirme que nous nous créons par nos pensées, je ne peux le suivre sur ce terrain. Car cela voudrait dire que nous pourrions librement nous créer en fonction de ce que nous pensons de nous-mêmes. Or les pensées doivent être guidées par la réalité. Bien sûr, nous disposons d'une marge de manœuvre dans notre vision de nous-mêmes et de la vie. Mais nous ne pouvons en jouer comme nous l'entendons, sauf à vivre dans un monde imaginaire.

Pollak déclare qu'il est en notre pouvoir de choisir le bonheur : « Je peux, en le décidant librement, influencer de manière considérable ma capacité à éprouver de la paix, de la joie et du bonheur[37]. » Que notre vision de la vie, de nous-mêmes et des autres exerce une forte influence sur nos sentiments, j'en conviens tout à fait. Il dépend de nous d'opter pour une perspective positive ou négative. Toutefois, n'évacuons pas trop vite les sentiments négatifs. Ils ont du sens, ils disent quelque chose de nous. Étudions-les au lieu de nous contenter de les balayer par une décision. Du reste, ils ne se laissent pas chasser aussi facilement. Pour nous en débarrasser, nous devons d'abord nous familiariser avec eux et explorer les besoins qu'ils dissimulent. Si nous acceptons d'examiner avec impartialité tout ce qui surgit en nous, nous serons en mesure d'abandonner les pensées et les sentiments négatifs. Nous aurons choisi la vie et la joie.

Les différentes catégories de décisions

D'aucuns pensent que la joie ne se fabrique pas, qu'on ne se réjouit pas sur commande. C'est vrai. Cependant, nous pouvons choisir les lunettes avec lesquelles nous traverserons la vie. Si nous sommes sensibles à la beauté de la nature, à celle de la musique ou d'une personne, nous éprouverons de la joie. Libre à nous également de nous installer dans la morosité. Alors, tout nous paraîtra insupportable. Ce qui ne signifie pas que tout le soit effectivement : notre vision négative conditionne nos expériences de vie.

Il dépend en grande partie de nous de choisir la vie et la joie. Mais restons réalistes, autrement nous éveillons une attente qui ne saurait être satisfaite. Certains, j'en connais, croient qu'il suffit de penser de manière positive pour que tout s'ordonne en conséquence. Leur refus de prendre en compte la réalité les conduit à des échecs retentissants.

La pensée positive peut constituer un refuge. Essayons donc d'avoir toujours les deux pôles présents à l'esprit : la réalité telle qu'elle est et la réalité telle que nous la voyons. Considérons-les ensemble. Certes, notre façon de vivre la réalité est largement conditionnée par notre vision des choses. N'en concluons pas que celle-ci a la capacité de transformer la réalité à sa guise. Le refus de la réalité se traduit par une construction mentale qui n'a plus rien à voir avec elle. À un moment donné, nous finissons par perdre tout contact avec le réel et un jour, nous nous réveillons dans la douleur en reconnaissant notre erreur : nous n'avons pas accepté de nous plier à la réalité, nous voulions voir la vie en rose et, de ce fait, nous sommes passés à côté.

Un chef d'entreprise m'a expliqué que s'il parvenait à s'imprégner de la volonté de réussir, il mènerait à bien tous ses projets. Dans le même temps, il me confia qu'il était à la veille de déposer le bilan parce qu'il avait investi dans un projet trop important pour lui. Je lui conseillai de balayer toutes ses idées fumeuses : au lieu d'essayer de se convaincre qu'il gagnerait toujours, il ferait mieux d'examiner objectivement la situation et de choisir une voie que sa raison puisse approuver. Il prétendait avoir échoué parce que son désir de réussite n'était pas suffisamment puissant. Ce qui lui arrivait venait donc de ce qu'il ne maîtrisait pas correctement la méthode de la pensée positive. Or, par ce raisonnement, il se déchargeait de sa responsabilité : il déléguait sa décision à une méthode au lieu de la prendre en sa qualité d'individu.

Je connais une institutrice qui se rend chaque jour à son travail dans un état de grande tension. Elle ne se sent pas acceptée par ses collègues ni par le directeur

Les différentes catégories de décisions

de l'établissement. L'attitude de ce dernier à son égard lui paraît blessante. Elle mobilise donc une énergie considérable pour aller à l'école et se consacrer utilement à ses élèves. Le sentiment d'isolement lui pèse. Or elle pourrait tout à fait changer d'état d'esprit. Bien sûr, elle est obligée de s'accommoder de la situation, mais elle a une marge de manœuvre en ce qui concerne son attitude.

Elle peut, par exemple, se rendre à l'école en se sentant parfaitement en paix avec elle-même. Du coup, les autres n'auront plus aucun pouvoir sur elle, ils ne lui dicteront plus son comportement. Elle les saluera avec amabilité, sans scruter leur réaction. S'ils l'ignorent, qu'elle ne force pas les choses. Mais sans se laisser influencer par ce refus.

Elle peut aussi, avant de se rendre à l'école, bénir élèves et collègues. Pour cela, il suffit de lever les mains et d'imaginer qu'elles transmettent la bénédiction divine aux personnes concernées. C'est une manière de réagir activement à la situation. Par cette bénédiction, elle insufflera une énergie positive à l'établissement. Son attitude en sera modifiée : au lieu de retrouver des collègues qui la rejettent, elle ira à la rencontre de personnes qu'elle aura bénies. Son regard sur elles sera différent, elle ne vivra pas leur présence de la même façon.

Tout cela exige à la fois une décision

Choisis la vie !

et de l'entraînement. Mais l'essentiel est de comprendre que nous ne sommes pas le jouet impuissant des circonstances extérieures. Nous pouvons accepter les situations comme une invitation à grandir au lieu de nous laisser abattre.

En entretien, j'entends constamment des gens qui se plaignent de leur vie : tout est difficile, ils se sentent seuls, ils ne sont pas reconnus. Professionnellement, ils n'arrivent à rien, ils se débrouillent moins bien que leurs collègues. Jusqu'à leur mariage qui les a déçus. Je ne peux pas me borner à leur dire : « Choisis la vie. » Mais lorsque j'essaie de me mettre à leur place, je découvre plus d'une fois qu'ils ont des idées très arrêtées. Et leur malaise vient de ce qu'elles sont prises en défaut : ils ne sont pas aussi séduisants qu'ils le souhaiteraient, ils n'ont pas le succès dont ils avaient rêvé...

Nous ne pouvons pas décider d'avoir du succès ou d'être séduisants, mais nous pouvons choisir la vie, accepter d'être moyennement doués, de connaître une réussite modeste et nous réjouir en cas de succès. Laissons de côté les illusions dont nous nous sommes bercés. Nous nous demanderons alors : « Ne puis-je considérer mon existence d'un autre œil ? Être reconnaissant de la vie que j'ai, de ce que Dieu m'a donné, des

Les différentes catégories de décisions

personnes à qui je peux parler et qui tiennent à moi ? »

Si nous proclamions : « À partir d'aujourd'hui, je penserai de manière positive », nous ne ferions que plier la réalité à nos désirs. Essayons plutôt de voir notre vie sous un autre angle. La foi, elle aussi, induit une certaine manière d'envisager l'existence. Dans une situation douloureuse – la maladie, les difficultés financières, les multiples problèmes dans lesquels on se débat –, elle peut nous aider à nous demander : « Qu'est-ce que Dieu cherche à me dire ? Ma situation n'est-elle pas une exhortation à gagner un autre plan, le plan spirituel, où je me sens, en dépit de tout, lié à Dieu ? Le chaos extérieur ne serait-il pas une invitation qui m'est faite à pénétrer dans l'espace intérieur où je suis en accord avec moi-même, intact et entier, parce que Dieu habite en moi ? »

Nous ne choisissons pas les circonstances extérieures. Ce n'est pas la pensée positive qui nous assurera le succès et la santé. Remettons plutôt nos idées en question, cherchons dans la foi un moyen d'envisager notre situation sous une autre lumière. Si nous la considérons avec d'autres yeux, notre attitude changera. Et nous trouverons alors, au sein des difficultés, la paix et la liberté intérieures.

Au plan théologique, Karl Rahner a

Choisis la vie !

recours à la conception chrétienne de l'homme pour expliquer la tension qui existe entre ce qui est fixé et notre liberté de décision. L'homme est toujours à la fois « nature » et « personne ». Par « nature », Rahner entend ce qui est donné à la libre décision de l'homme : son corps, son mode de vie, son éducation, son environnement. Par « personne », il veut dire que l'homme dispose librement de lui-même, qu'il a le pouvoir d'adopter telle position ou telle décision à l'égard de ce qui lui est donné.

Nous devons toujours avoir cette tension présente à l'esprit lorsque nous prenons une décision. Si nos décisions n'ont pas le pouvoir de créer librement la réalité, elles peuvent modeler ce qui nous est donné. Ce n'est pas de la réalité que nous sommes responsables, mais de ce que nous en faisons, de notre manière de nous situer par rapport à elle et de la façonner.

Nous ne sommes pas des victimes soumises aux vicissitudes de la vie. Nous sommes des individus libres : nous donnons forme à l'existant et nous avons tout loisir d'adopter un certain point de vue sur la réalité. Cela nous permet de la vivre autrement, sans y être assujettis, en personnes libres et actives. Voilà où réside notre pouvoir de décision.

Les Psaumes nous montrent concrètement à quoi ressemble une décision de

Les différentes catégories de décisions

vie inspirée par la foi. Ils décrivent notre situation en essayant de la considérer avec les yeux de la foi. Ce changement de perspective la place sous un jour nouveau. Dans le psaume 138, il est écrit : « Si je marche au milieu des angoisses, Tu me fais vivre, à la fureur de mes ennemis ; Tu étends la main et Ta droite me sauve » (Psaumes 138, 7). La vie est dépeinte comme un tourment. Le narrateur est cerné par la fureur de ses ennemis. Ce n'est pas là un fait que l'on puisse nier ou évacuer par un mode de pensée positif. Cependant, au sein de ces angoisses, nous pouvons opter pour la foi, pour la croyance que Dieu nous maintient en vie, qu'il étend sa main vers nous et que, même dans la détresse, nous sommes dans sa main. Nous renonçons ainsi à la fois aux lamentations et aux illusions. Nous adoptons le point de vue de la foi, nous comprenons qu'au milieu des angoisses, nous sommes portés par la main bienfaisante de Dieu.

On dira : « C'est bien beau, tout cela, mais quel rapport avec mon expérience ? » Précisément : il s'agit d'oser faire cette expérience-là et cela relève également d'une décision. Dès lors, peu importe que nous ayons ou non le sentiment d'être soutenus par la main de Dieu. Croire, c'est aussi décider qu'il en va ainsi ou, en d'autres termes, faire comme si c'était vrai. En choisissant de

Choisis la vie !

souscrire à cette hypothèse, nous vivrons nos angoisses d'une manière différente.

Décider en commun

Prendre une décision est un acte très personnel. Cependant il y a des décisions qui doivent être adoptées en commun. Au sein de la famille, par exemple, on décidera de la façon de fêter Noël, de la destination des vacances ou de la répartition des responsabilités individuelles. Dans une communauté monastique, certaines décisions se prennent collectivement, dans les commissions du séniorat, en charge de nombreux domaines de la vie conventuelle, et dans les séances du chapitre, concerné par les décisions d'importance. Les entreprises, elles aussi, ont un conseil au sein duquel elles traitent des orientations générales : on discute du problème et on prend une décision. Mais comment parvenir à une décision commune et s'assurer qu'elle sera bonne ?

En la matière, la tradition spirituelle se réfère à un modèle : le processus de décision expérimenté par la petite communauté d'Ignace de Loyola. Les compagnons d'Ignace, en effet, doivent « décider s'ils veulent doter le groupe d'une cohésion durable et donc se soumettre à un ordre ou à une règle, parce

Les différentes catégories de décisions

que, dans le cas contraire, le groupe ne tardera pas à se disperser. Ils prennent alors la décision de s'accorder un délai de trois mois pour débattre de la poursuite de leur entreprise commune – et de prier[38] ». Veulent-ils fonder un ordre ou juste continuer à travailler ensemble sans contrainte ?

De nos jours, il est rare qu'un groupe dispose de trois mois pour prendre des décisions importantes. Tout va beaucoup plus vite. Les premiers compagnons de saint Ignace n'en restent pas moins un exemple dans leur manière de procéder. Ils se retrouvent tous les soirs, chacun fait part aux autres des arguments qui lui sont venus au cours de la journée pour ou contre la fondation d'un ordre. On les écoute, sans débattre. On se borne à entendre ce que les uns et les autres ont à dire. Puis on procède à un échange de vues, au cours duquel chacun livre son idée de la meilleure option. C'est ainsi qu'ils parviennent lentement à une décision unanime concernant leur avenir.

Actuellement, le temps manque souvent pour prendre une bonne décision. Et il est encore moins question de revendiquer l'idéal de l'unanimité, que ce soit dans une collectivité ou dans une entreprise. Cela étant, les compagnons d'Ignace nous apprennent qu'on ne doit pas expédier une décision en usant de coercition et en soumettant les intéressés

Choisis la vie !

à des délais drastiques. Dans ces conditions, en effet, il ne peut pas y avoir de vrai travail commun. Certes, on prendra une décision, mais les individus n'y trouveront pas leur compte. Nombre d'entre eux se sentiront ignorés et insuffisamment entendus.

C'est surtout dans la première phase du processus de décision qu'il importe de laisser chacun, dans la famille, le groupe ou l'entreprise, s'exprimer, et ce sans se heurter à une opposition immédiate. Il y faut l'art d'écouter et de se soumettre soi-même à la critique. Cela nécessite de comparer ses pensées et ses sentiments avec ceux des autres – c'est-à-dire d'accepter l'opinion d'autrui en tant que telle.

Il est bon aussi de suivre l'exemple des compagnons d'Ignace et de laisser la nuit porter conseil. En dormant, nous nous immergeons dans des couches plus profondes de notre âme et il n'est pas rare que s'éclaire alors ce qui est vraiment bon pour nous : les images intérieures viennent s'ajouter aux arguments rationnels. Or l'âme sait souvent mieux que la raison ce qui convient au groupe.

Avant Ignace de Loyola, Benoît de Nursie avait déjà traité dans sa règle le sujet des décisions collectives. Cependant, il y est moins question du groupe que de l'abbé – lequel a néanmoins le devoir de solliciter le conseil des frères.

Les différentes catégories de décisions

Benoît écrit : « Chaque fois qu'il sera question au monastère de quelque chose d'important, l'abbé convoquera toute la communauté et dira lui-même de quoi il est question. Une fois entendu le conseil des frères, il en délibérera à part soi et fera ce qu'il juge le meilleur. Or si nous avons dit que tous seraient appelés au conseil, c'est que souvent le Seigneur révèle à un inférieur ce qui vaut le mieux[39]. » Benoît part du principe que chaque frère a quelque chose à apporter, même les plus jeunes. À une époque où la sagesse passait pour le privilège de l'âge, cette vue était révolutionnaire.

La considération dont jouit la personne n'entre pas en ligne de compte, le Christ est susceptible de parler par la voix de n'importe qui – même jeune, même inexpérimenté. Cela demande une autre culture de l'échange que celle que nous connaissons. Au lieu de réfléchir à la façon de réfuter l'opinion de l'autre, nous devrions écouter avec attention ce que le Christ lui-même souhaite nous dire à travers lui. Peut-être exprime-t-il un avis complètement différent. Or c'est justement par l'intermédiaire d'une voix qui paraît absurde dans un premier temps que le Christ peut s'adresser à la communauté et la libérer de ses préjugés.

Chez Benoît, c'est toujours l'abbé qui tranche, il n'y a pas de décision prise à la majorité. Toutefois l'abbé se doit

Choisis la vie !

d'écouter les autres frères car le Christ parle à travers eux. Et pour l'entendre, il ne peut se contenter de solliciter son propre cœur. Cela exige de l'humilité et une capacité authentique à écouter la voix de Dieu sans chercher à imposer sa propre manière de voir. Il ne s'agit pas d'obéir à un modèle, celui de Benoît – qui d'ailleurs, de nos jours, s'est éloigné de la lettre car une procédure de vote a été instaurée, à laquelle l'abbé doit se soumettre – ou celui d'Ignace. Ce qui compte, c'est de développer une culture appropriée du parler ensemble et du décider ensemble.

Ordinairement, le groupe a besoin d'un responsable qui prenne les choses en main. Celui-ci doit être en mesure de sentir, après une phase d'écoute et d'échange, à quel moment l'on peut passer à la décision. S'il a le sentiment que tous les arguments ont été exposés et que les opinions, quoique diverses, vont dans le même sens, il demandera alors au groupe s'il est prêt à décider ou s'il souhaite prolonger les discussions. Si le groupe accepte de procéder à la décision, il veillera au préalable à ce que la question soit clairement formulée. Ce faisant, il évitera de porter un jugement sur les décisions individuelles.

Lorsque la majorité se sera prononcée, il y verra l'expression de la volonté collective et s'abstiendra de critiquer les voix

Les différentes catégories de décisions

discordantes. Chacun est libre de sa décision et en droit d'attendre que son opinion soit respectée. Personne ne doit être acculé à une décision. Et nous n'avons pas à donner mauvaise conscience à ceux qui se sont prononcés contre l'avis général. Ils ont, en effet, voté en leur âme et conscience. Et c'est bien ainsi. Leur désaccord a autant d'importance que l'approbation des autres. S'il en allait autrement, il serait impossible de mettre en œuvre la décision commune.

Le responsable veille ensuite à ce que la décision soit communiquée à l'entreprise ou au groupe. Et sa tâche consiste à solliciter aussi les opposants afin qu'ils soutiennent la motion adoptée. Il est essentiel que le groupe sache s'il dispose d'un pouvoir de décision ou juste d'un rôle de conseil. Dès lors qu'il met tous ses efforts à trouver une solution, il se sentira frustré si elle ne retient même pas l'attention des décisionnaires. En revanche, s'il sait que ses délibérations n'ont qu'une valeur consultative et qu'elles seront utiles à la direction, il travaillera dans une atmosphère très différente. D'une manière générale, les responsables seraient bien avisés de ménager la bonne volonté collective et de ne pas rejeter les propositions comme quantité négligeable. Le processus de décision doit s'appuyer sur une répartition claire des compétences collectives et individuelles.

En politique, on a parfois l'impression que les commissions consultatives ne sont qu'un cache-misère. On se vante d'avoir créé un comité d'experts économistes ou une commission d'éthique, on écoute ses recommandations, on en retient ce qui conforte la politique en cours et le reste passe à la trappe. Le comité travaille, mais si ses conclusions paraissent malvenues, elles ne seront pas adoptées. Cela ne témoigne pas d'une grande maturité. En ce domaine, hélas, les hommes politiques nous donnent un mauvais exemple, qui du reste a rapidement fait école. Désormais, même les entreprises disposent de commissions consultatives, lesquelles travaillent souvent en vain. Elles formulent des conseils, les dirigeants choisissent ceux qui confirment leurs vues. Impossible, dans ces conditions, de prendre des décisions pertinentes et ouvertes sur l'avenir.

Décider en son âme et conscience

La décision de conscience est un grand sujet de débat, surtout dans la théologie morale. Lorsque nous avons une décision à prendre, devons-nous obéir à la loi, aux prescriptions de l'Église, ou bien

Les différentes catégories de décisions

suivre ce que nous dit notre conscience ? Dans la Bible, le concept de *syneidesis*, la conscience, n'apparaît qu'à partir des épîtres de Paul et des épîtres pastorales. Ces textes préconisent d'avoir la conscience pure et de ne pas heurter la conscience d'autrui. Les épîtres pastorales s'inspirent des stoïciens, qui font de la conscience la norme intérieure. La Bible a christianisé ce concept philosophique en associant la conscience au cœur. L'homme doit avoir la conscience pure et suivre la voix de son être intime.

Le dominicain Thomas d'Aquin a établi un lien entre l'enseignement de la conscience et la conception chrétienne de l'homme. Pour Thomas, ce qu'il y a de plus élevé, ce n'est pas l'universel, comme l'affirmait la philosophie grecque, mais la personne, c'est-à-dire le particulier. Cela influence évidemment l'enseignement de la conscience. Pour l'individu, l'instance suprême n'est plus la norme générale mais la conscience. Thomas définit celle-ci comme « l'application du savoir à une action concrète[40] ». Pour lui, le savoir ne consiste pas simplement à acquérir une connaissance extérieure des choses, mais à « saisir la justesse et la cohérence interne de ce qui est donné[41] ». Dès lors, « la volonté doit obéir à la compréhension raisonnable, même si celle-ci se trouve engagée dans une erreur insurmontable. Il n'y a pas d'autre solution si l'on veut que soit préservée la dignité de la personne chrétienne[42] ». Cela étant, l'homme doit employer toutes ses forces à reconnaître la loi que Dieu a placée dans la nature. L'homme est responsable de son savoir, il n'existe pas d'instance – et Dieu ne fait pas exception à la règle – « qui devrait et pourrait [le] contraindre [...] à agir à l'encontre de sa conviction[43] ».

Avons-nous le droit de refuser un commandement de l'Église lorsque notre conscience s'y oppose ? Prenons un exemple : l'Église enseigne qu'une personne divorcée et remariée n'a pas le droit de communier. Or si notre conscience nous dit que Jésus nous invite nous aussi à communier afin de nous affermir dans notre voie et de nous communiquer son amour, avons-nous le droit de le faire ? L'enseignement de Thomas d'Aquin, que l'Église a adopté, répond clairement par l'affirmative. Une conscience pure se substitue en tant que norme au commandement de l'Église. C'est en ce sens que les évêques du Haut-Rhin Karl Lehmann, Walter Kasper et Oskar Saier ont rédigé leur lettre pastorale de 1993 invitant les couples remariés à suivre la voix de leur conscience et à communier. Le prêtre qui donne la communion n'a pas à opposer de refus à des croyants qui agissent en leur âme

Les différentes catégories de décisions

et conscience. Au contraire, il doit respecter leur décision.

Cette question ne concerne pas uniquement le domaine religieux, elle est pour nous d'une importance cruciale. Nous éduquons notre conscience, nous prenons en compte les normes qui nous sont données par la nature et prescrites par l'État et l'Église. Toutefois, c'est notre conscience qui doit l'emporter – sous réserve que nous ne la confondions pas avec l'opinion ou le désir. Évitons d'appeler décision de conscience la moindre décision prise sous l'effet de l'humeur ou d'un besoin personnel. Et de croire que toute conviction personnelle peut « se revendiquer décision de conscience[44] ».

Il arrive qu'on se réclame trop vite de sa conscience par refus de se soumettre aux normes. Pour Thomas d'Aquin, décider en conscience suppose d'être pleinement centré en soi-même, en relation avec son noyau intime. Un homme politique qui vote au Parlement doit le faire en conscience, l'économiste doit toujours se demander si ses décisions sont conciliables avec les exigences de sa conscience. Nous aussi, nous sommes confrontés en permanence à des débats de conscience dans notre manière d'en user avec les autres ou avec le monde.

Parmi les grands défenseurs de la

liberté de conscience, il y eut le cardinal Henry Newman, ecclésiastique et théologien anglican qui s'est converti au catholicisme pour des raisons de conscience. Il a eu à subir les attaques de ses anciens coreligionnaires, mais aussi la méfiance des autorités romaines. Il a laissé un célèbre toast en l'honneur de la religion et du pape : « Buvons d'abord à la conscience et ensuite au pape[45]. » Certains théologiens catholiques y ont vu un affront au pape. Karl Rahner, lui, comprend cette phrase comme un principe éminemment catholique : « On ne peut pas déléguer sa conscience à quelqu'un d'autre[46]. » En obéissant à notre conscience, nous assumons notre responsabilité devant Dieu, nous répondons à l'appel qu'il nous lance. Au regard de la responsabilité individuelle devant Dieu, l'homme « ne peut se faire représenter par quiconque, pas même par une autorité supérieure. [Il] doi[t] répondre même de l'instance à laquelle [il] obéi[t][47] ».

Il s'agit donc d'écouter la voix intérieure par laquelle Dieu lui-même nous parle. Faisons confiance à ce conseiller intérieur : la tradition le nomme conscience. À ce propos, d'ailleurs, elle établit une distinction entre conscience innée ou habituelle (*synteresis*) et connaissance appliquée (*conscientia*). Le terme grec *synteresis* (« syndérèse », en français)

Les différentes catégories de décisions

signifie avoir une vision d'ensemble des divers aspects d'une décision. Cette disposition est présente en chacun de nous. C'est aussi ce que dit, en fin de compte, le mot latin *conscientia* : « savoir avec », « savoir ensemble ».

Nous abritons en nous une instance qui embrasse tout ce que nous avons à considérer lors d'une décision. La conscience nous conduit jusqu'à cette instance intérieure où la décision prend son origine et où réside la vérité à laquelle nous sommes tenus de rendre justice à chaque décision. Elle éveille également notre attention aux individus qui sont affectés par nos choix. Elle nous empêche de prendre des décisions préjudiciables à leur encontre. Dans la conscience, nous sommes déjà en relation avec eux. Et nous sommes liés à Dieu, devant qui nous devons répondre de nos décisions.

En entretien, je rencontre souvent des personnes dotées d'une conscience scrupuleuse, qui sont constamment la proie du remords. Le terme « scrupule » vient du latin *scrupulus* et désigne un caillou pointu. Les remords ressemblent à ces cailloux, ils éveillent une douleur lancinante et des doutes torturants. Une conscience scrupuleuse voit la faute partout et alimente un sentiment permanent de culpabilité : tout relève du péché. Ce type de conscience révèle une structure névrotique. Elle est souvent le fruit d'expériences émotionnelles difficiles, qui n'ont pas pu être travaillées. Elle renvoie aussi à une faute bien plus profonde, qui est le fait de méconnaître sa vérité intérieure. Par peur d'affronter la culpabilité qui résulte d'une vie inaccomplie, nous nous cherchons des actes et des pensées de moindre importance que nous ruminons sans relâche. Nous refoulons ainsi notre sentiment d'inadéquation, de désaccord avec notre moi profond.

Il n'est pas aisé de libérer quelqu'un d'une conscience scrupuleuse. Cela exige un examen sincère de ce qui est à l'œuvre et, souvent, seule une thérapie est à même d'en dévoiler les causes profondes et d'aider la personne à affronter sa vérité et à s'accepter dans sa fragilité. Dieu merci, les maniaques du scrupule qui ont irrité tant de confesseurs sont devenus une espèce plus rare.

Chers lecteurs, je vous invite à faire confiance à votre conscience. C'est elle, en effet, qui doit inspirer vos décisions. Ce flair intérieur qui sent ce qui est juste est un don de Dieu. Si votre conscience est trop craintive ou trop scrupuleuse, cherchez de l'aide. Et continuez à lui faire confiance : ignorez ses reproches concernant vos pensées et vos actes, écoutez votre vérité. La conscience vous met en face de votre vérité. Et soyez reconnaissants si vous disposez d'une

Les différentes catégories de décisions

conscience claire et saine, qui vous indique ce qui est bon pour vous et ce qu'il est préférable d'éviter. Je vous souhaite de toujours obéir à votre instance intérieure dans les multiples décisions de la vie. Je souhaite aussi que vos décisions soient bénéfiques, pour vous et pour les autres.

En guise de conclusion

Chaque jour apporte ses décisions

LE THÈME de la décision renvoie à de multiples domaines de la vie. Lorsque j'ai commencé à réfléchir et à lire sur le sujet, je me suis rendu compte à quel point cette question engageait la réussite de notre existence. Nous sommes tous concernés, puisque nous avons tous à choisir ce que nous ferons de notre vie, comment nous réagirons aux défis extérieurs, à nos sentiments et à nos pensées, et quel sens nous donnerons à notre existence.

Chaque jour nous apporte son lot de décisions à prendre. À chaque instant ou presque, nous avons à nous prononcer sur ce que nous allons faire. Certains passent d'une chose à l'autre sans être capables de choisir et sans arriver à respecter leurs décisions. Cette irrésolution est source d'inquiétude.

Outre les décisions quotidiennes, il y a celles qui concernent notre vie. Qu'attendons-nous des années à venir ? Quelle voie choisir ? Nous prenons des décisions qui influencent toute notre existence et engagent notre avenir. Ces décisions demandent mûre réflexion : comme elles conditionnent la réussite de notre vie, elles ne peuvent être adoptées que dans un contexte plus large, qui donne du sens à notre existence.

Au cours de mes réflexions et de mes lectures, j'ai compris de plus en plus clairement que le sujet que je traitais me renvoyait aussi, en fin de compte, à la nature même de l'homme : par essence, l'homme est décision. En tant qu'individu, il est sommé de se prononcer pour ou contre Dieu, pour ou contre la vie. Il n'y a pas d'individu qui ne soit décision, il n'y a pas d'existence qui n'appelle de décision.

Le terme « décision » vient du latin *decidere*, « trancher ». Il rappelle que dans notre vie, il y a de la séparation. La Bible situe cette séparation à l'origine de la création. Dans la Genèse, Dieu sépare la lumière et les ténèbres, l'ordre et le chaos, les eaux d'en bas et les eaux d'en haut (Gn 1, 4-7). La dignité suprême de l'homme tient à ce qu'il prend part à l'activité créatrice de Dieu, entre autres grâce à la décision et au pouvoir de séparation qui lui est inhérent. Par la décision, l'homme sépare la forme et l'informe, le conscient et l'inconscient, la clarté et l'obscurité. Par la décision, il se

En guise de conclusion

façonne lui-même. Il devient progressivement une personne qui s'autodétermine et cesse d'être le jouet de ses besoins ou de ses pulsions. La décision renvoie à la liberté de l'homme, à sa dignité en tant que personne responsable d'elle-même.

Notre existence est un processus constant de décision et de séparation. Nous séparons en nous le bon et le mauvais, le juste et le faux, le clair et le confus. En même temps, nous savons qu'il est impossible de les séparer complètement : ils forment un tout. En réalité, nous avons continuellement besoin de la séparation et de l'assemblage, de la décision et de l'action pour ne pas perdre de vue l'objectif de notre vie.

La décision pousse notre existence dans la direction de notre être intime, là où s'intensifie la clarté de notre image originelle. Par la décision, nous devenons les assistants créateurs de Dieu, nous avons part à l'acte de séparation auquel il se livre au moment de la création. Le but de la création est l'homme, créé à la ressemblance divine. Dans nos décisions, nous devons œuvrer à séparer cette image originelle de l'opacité qui l'a voilée – en raison de ce que les autres projettent sur nous ou des illusions que nous avons nourries.

Je vous souhaite donc, chers lecteurs, de toujours choisir la vie, de prendre des

Choisis la vie !

décisions qui donnent à votre existence une direction claire et fructueuse. Je vous souhaite clarté intérieure dans vos décisions, liberté et foi en votre conscience, confiance en votre voix intérieure.

La confiance vous permettra de décider sans gaspiller votre énergie, sans vous empêtrer dans le ressassement ni regretter les possibilités exclues. C'est ainsi que vous deviendrez responsables de vous-mêmes et de votre parcours de vie. Par votre existence, vous répondez à l'appel que Dieu vous lance, l'appel à une vie authentique, en accord avec votre être intérieur et bénéfique à la fois pour vous et pour les autres.

Prières

Choisir la vie

Contre la routine

Seigneur de bonté et de miséricorde,
Je ne suis pas satisfait de ma vie.
J'ai l'impression de mener une existence sans intérêt.

Je devrais cesser de fuir les engagements, je le sens bien. Je devrais choisir la vie. Mais je ne veux me fermer aucune porte, je laisse aller les choses.

Envoie-moi Ton Saint-Esprit, que chaque jour je renouvelle ma décision en faveur de la vie.

Voilà ce que je souhaite aujourd'hui.

Je ne veux plus me contenter de cette existence, je ne veux plus être le jouet des événements et des autres. Je désire mener ma propre vie.

Donne-moi la force de choisir enfin la vie.

Aide-moi à prendre ma vie en main et à ne plus attendre que d'autres règlent les problèmes à ma place.

Fais-moi, à chaque instant, préférer la vie à la mort, à la routine et à la passivité.

Choisis la vie !

Que mon existence soit bénie et que je devienne moi-même source de bénédiction pour autrui.
 Amen.

Bénis tout ce que je prends en main

Contre la victimisation

Seigneur Jésus,
Je me sens si souvent victime.
Je me plains de l'incompréhension des autres.
Je me lamente devant l'indifférence de mon supérieur hiérarchique.
J'ai l'impression que ma vie tout entière dépend de l'approbation ou du rejet des autres.
Souvent je m'irrite en sentant que je me laisse gouverner par la réaction des autres.
Je voudrais enfin pouvoir vivre, je ne veux plus de ce rôle de victime.
Donne-moi la force et le courage de l'abandonner et de devenir responsable de ma vie.
Je trouve parfois ce rôle très confortable, il me permet d'accuser les autres de ma détresse. Mais au fond de mon âme, je sais que je m'exclus alors de la plénitude de la vie.
Seigneur Jésus, à l'homme à la main

Choisis la vie !

sèche qui se sentait victime, lui aussi, Tu as ordonné : « [...] tiens-toi debout au milieu » (Luc 6, 8).

Conforte-moi à mon tour pour que j'ose affronter la vie au lieu de me complaire dans la position de victime.

Et redis-moi l'exhortation que Tu as lancée à l'homme qui se sentait victime : « Étends ta main » (Luc 6, 10).

Oui, soutenu par Ta force, je veux étendre les mains et prendre ma vie en main.

Bénis tout ce que je prends en main afin que l'œuvre de mes mains serve à autrui.

Amen.

Pouvoir choisir la joie

Contre la plainte

Seigneur Jésus,
Tes paroles ont rassemblé les hommes dans la joie.

Je ne vois toujours que l'aspect négatif des choses. J'ai si peu de joie ! J'attends des autres qu'ils m'en donnent, j'attends d'eux qu'ils m'aiment, je veux pouvoir me réjouir de leur amour et de leur affection. Mais je sens que cela me rend dépendant d'eux.

Tu m'as montré comment choisir la joie au sein de la tristesse, le rire au milieu des larmes.

Il y a tant de choses dont je pourrais me réjouir : ma santé, mon corps, les amis qui sont à mes côtés, la beauté de la nature, de cette journée ensoleillée.

Pourtant je me ferme à la joie. Je trouve toujours une raison d'être triste et de gémir.

J'ai besoin de Toi, ô Christ, besoin que Tu te places devant moi et que Tu me dises : « Choisis la vie. Choisis la joie. La

Choisis la vie !

joie est en toi. Il dépend de toi de laisser la joie qui coule au fond de ton âme monter peu à peu grâce à mes paroles, grâce à tes expériences quotidiennes, grâce aux êtres qui t'aiment, jusqu'à ce qu'elle pénètre complètement ton esprit. »

Oui, Seigneur, je Te le demande, donne-moi accès à la joie que je porte en moi afin que je puisse, chaque jour, refaire le choix de la joie.

Amen.

Délivre-moi du ressassement

Ne pas regretter ses décisions

Dieu de bonté et de miséricorde,
Les décisions que je prends ne me laissent pas en repos.

Je ne cesse de me demander si j'ai fait les bons choix.

J'ai du regret en pensant aux portes que je me suis fermé. J'ai l'impression de m'être décidé avec trop de précipitation. Mais l'idée de revenir sur ma décision ne m'apporte aucun soulagement.

Je ne sais pas quoi faire. Mes décisions ne me permettent pas d'y voir plus clair.

J'ai beau prendre des décisions, au fond je ne décide rien du tout. Car je ne cesse de tourner en rond en ruminant les conséquences des choix que j'ai faits ou que j'aurais pu faire.

Je n'arrive pas à sortir de là.

Éclaire mon esprit pour que je puisse enfin mettre un terme à ces spéculations et me concentrer entièrement sur la décision que j'ai prise.

Je voudrais projeter mon énergie dans

Choisis la vie !

la direction que me montrent mes choix. Mais, trop souvent, je me sens bloqué. Mon énergie n'alimente pas ma vie, elle nourrit mon ressassement. Je suis paralysé.

Délivre-moi de ces réflexions stériles, délivre-moi des regrets d'avoir manqué des opportunités.

Aide-moi à suivre en toute clarté, en toute liberté, la voie que j'ai choisie. Et bénis-en chaque étape afin qu'elle me conduise vers toujours plus de vie, de liberté, de paix et d'amour.

Amen.

Donne-moi confiance en ma force

Ne pas dépendre des autres

Dieu de bonté et de miséricorde,
Souvent, je n'ose pas prendre de décisions par crainte de la réaction des autres. Si mon choix se révèle mauvais, on me dira que c'était à prévoir, que ma décision était absurde.

Je suis tellement obnubilé par le jugement d'autrui que je n'arrive plus à avoir les idées claires.

Envoie-moi Ton Saint-Esprit afin qu'Il me donne de la force.

Laisse Ton Esprit s'épancher dans le mien afin que je puisse écouter mon intuition.

Si Ton Esprit se diffuse en moi, je ne serai pas seul à décider car Tu seras au cœur de mes décisions.

Alors la réaction des autres n'aura plus autant d'importance.

Je cesserai d'argumenter sans relâche avec eux et d'imaginer leurs commentaires.

C'est avec Toi, Dieu de miséricorde,

Choisis la vie !

que j'établirai un dialogue. Et ce dialogue me fera plus de bien que mes sempiternelles interrogations sur ce que pensent les autres.

Donne-moi confiance en Ta force et en la mienne, accorde-moi la paix intérieure, que je laisse aux autres la responsabilité de leurs réactions et que je me libère de cette dépendance.

Je T'adresse cette prière par l'intermédiaire de mon Seigneur Jésus-Christ, qui m'affermit.

Amen.

Abandonner ses doutes

Les achats

Seigneur Jésus,
J'ai besoin d'une nouvelle voiture, de nouveaux vêtements, de nouveaux appareils ménagers.

Tu sais quelle énergie je dois déployer pour me décider en pareille occasion.

Je vais d'une voiture à l'autre sans parvenir à choisir la marque, la taille ni la couleur.

Quand j'achète des vêtements, je fais tous les magasins, tous les rayons, et je n'arrive pas à me décider.

Comme mon attitude agace les autres, je fais désormais mes achats tout seul.

Délivre-moi de toutes ces complications. Donne-moi accès à mon intuition afin que je puisse examiner ce qui se présente, me mettre à l'écoute de moi-même, sentir l'impulsion intérieure et me dire : « Oui, voilà ce que je vais acheter. »

Ensuite, délivre-moi des doutes rétrospectifs qui ne servent à rien.

Seigneur Jésus, Tu as dit au paralytique qui n'arrivait pas à se décider, qui ruminait sa misère sans rien entreprendre pour changer sa situation : « Lève-toi, prends ton grabat et marche » (Jean 5, 8).

Moi aussi, je veux entendre ces paroles, encourage-moi à faire fi de mes doutes, à me lever, à prendre ma décision et à continuer ma route sans regarder en arrière.

Amen.

Aller à la rencontre de l'autre

Les visites

Sainte Vierge,
Pour rendre visite à Ta cousine Élisabeth, Tu t'es mise en route, tout simplement. Tu as traversé seule la montagne, Tu ne t'es pas laissé arrêter par la réaction des autres.

Tu es allée Ton chemin en obéissant à Ton impulsion intérieure.

Lorsque je veux rendre visite à un ami ou à un parent, j'ai souvent du mal à me décider.

Est ce que ma visite lui sera agréable, ne risque-t-elle pas de le déranger, peut-être lui sera-t-elle importune ?

Et puis comment la motiver ? J'ai toujours le sentiment de devoir justifier ma présence.

Souvent, toutes ces interrogations me gâchent le plaisir, elles me coûtent trop d'énergie. Il y a aussi la question du cadeau à apporter : des fleurs, ce n'est pas un peu banal ? Et d'ailleurs, l'ami ou le parent en question aime-t-il les fleurs ?

Choisis la vie !

Sainte Vierge, communique-moi un peu de Ton esprit, de l'insouciance que Tu as manifestée en te mettant en route, dans la montagne.

Balaie les montagnes de questions et de doutes qui m'obsèdent afin que je puisse avoir réellement accès à l'autre et que notre rencontre soit aussi merveilleuse que la Tienne avec Élisabeth.

Sainte Vierge, prie pour que ma visite soit une rencontre mutuellement profitable.

Amen.

Pour gagner en tranquillité

Les décisions professionnelles

Dieu de miséricorde,
Chaque jour, je dois prendre des décisions professionnelles : répartir le travail au sein de mon équipe, décider des achats de l'entreprise, des tâches à régler.

J'aime que tout se déroule sans heurt.

Chaque fois qu'un collègue me demande conseil, je suis saisi d'incertitude. Cela m'est pénible.

Je n'ai pas envie d'avoir sans arrêt à prendre des décisions. Le temps me manque.

Dieu de bonté, communique-moi la lumière de Ton Saint-Esprit, qu'Il m'aide à décider et à ne pas me perdre dans les réflexions.

Tu as comparé Ta parole à une épée tranchante.

Donne-moi le tranchant de Ta sainte épée afin que mes décisions soient claires et nettes.

Donne-moi Ta tranquillité pour que je cesse de réfuter mes choix.

Choisis la vie !

Ton Esprit allégera le poids de ma vie avec toutes ses décisions.
Sois-en remercié, Dieu de bonté.
Amen.

Donne-moi de la force

Les conflits

Seigneur Jésus,
Je hais les conflits – si je m'écoutais, j'attendrais qu'ils se résolvent d'eux-mêmes, ou bien je m'arrangerais pour les passer sous silence. Mais je sens que ce n'est pas la bonne solution.

Toi, Tu n'as pas eu peur des conflits. Tu t'es dressé, seul, contre les pharisiens, qui voulaient voir si Tu allais procéder à une guérison pendant le shabbat.

Tu as affronté la situation. Tu es resté ferme en Toi-même et Tu as décidé en fonction de ce que te dictait Ton sentiment intérieur, Ton lien avec le Père.

Seigneur Jésus, donne-moi de la force lorsque je rencontre un conflit.

Assiste-moi afin que la certitude de Ta présence me rende solidaire de moi-même et m'inspire le courage d'obéir à mon intuition.

Si Tu es avec moi, alors je pourrai l'être aussi.

Choisis la vie !

J'ai besoin de sentir que Tu me donnes de la force, que Tu me soutiens.

Apprends-moi à rester en moi-même comme Tu es resté en Toi-même, libre des attentes d'autrui.

Donne-moi la liberté intérieure et le courage que j'admire tant chez Toi.

Je sais que la force de Ton esprit m'aidera à trouver de la confiance et une liberté semblable à la Tienne.

Je T'en remercie, ô Christ, mon Seigneur, mon frère.

Amen.

Un chemin fructueux pour nous

L'amitié

Seigneur Jésus,
Tu nous as appelés « amis ».

Un ami, as-Tu dit, sait ce qui occupe l'autre. Il le connaît, il lui confie ses pensées.

Tu ne nous as pas seulement révélé Tes pensées les plus intimes, Tu as aussi donné Ta vie pour Tes amis

J'ai envie d'amitié. Mais lorsque j'ai confiance en quelqu'un, lorsque je le comprends bien, j'ai peur de le lui dire.

J'ai peur d'essuyer un refus, peur qu'il ne veuille pas de mon amitié. Alors je préfère garder le silence et souffrir par-devers moi. Cela ne me rend pas plus heureux.

Donne-moi le courage d'aborder l'autre en ami et de lui parler d'amitié si je le sens proche.

Affermis ma confiance dans les bienfaits mutuels de l'amitié.

Délivre-moi des doutes torturants qui empoisonnent si facilement les relations.

Choisis la vie !

Bénis notre amitié, qu'elle soit pour nous une voie fructueuse et qu'elle répande ses bienfaits sur les autres.
Amen.

Envoie-moi l'esprit de l'amour

Le couple

Dieu de bonté et de miséricorde,
J'aspire à une relation de couple.
En même temps, cela m'effraie.

Dès que je rencontre quelqu'un de sympathique, avec qui j'aimerais sortir, je suis paralysé de doutes. Je crains d'aller trop vite, d'être importun.

J'éprouve aussi une peur terrible d'être rejeté. Ou de ressentir une peine insupportable en voyant la relation se défaire rapidement. Je préfère rester seul plutôt que de revivre la souffrance de la séparation.

Je sais qu'en agissant ainsi, je me fais du mal.

Envoie-moi Ton Saint-Esprit, l'esprit de l'amour, qu'Il me donne accès à la source de l'amour qui coule en moi.

Cette source, personne ne pourra m'en priver, même dans le cas d'une rupture.

Donne-moi la confiance nécessaire pour que je puisse m'engager dans une relation amoureuse.

Choisis la vie !

Délivre-moi des attentes exagérées, des schémas dans lesquels je voudrais enfermer l'autre.

Ouvre-lui mon cœur, ouvre-moi son cœur afin que nous grandissions ensemble dans la confiance et l'amour.

Bénis notre chemin, qu'il nous conduise vers toujours plus d'amour et de vie.

Amen.

Éclaire-nous

Décider au sein du couple

Dieu de miséricorde,
Notre relation avait si bien commencé – nous vivions le grand amour !

Mais ces derniers temps, nous nous sommes éloignés l'un de l'autre. Nous ne nous parlons plus guère. Et nous n'osons pas aborder le vrai problème.

Or plus nous repoussons les décisions concernant notre vie et notre famille, moins nous avons de choses à nous dire.

Nous ne faisons que répéter : « Il faudrait recommencer à s'aimer comme au début. » Mais tout cela reste si vague…

Donne-moi le courage d'aborder la question de front.

Inspire-moi les mots justes, les mots qui ne blessent pas.

Aide-moi à trouver les paroles qui nous rapprocheront, qui bâtiront une maison que nous ayons de nouveau envie d'habiter.

Et surtout, fais-nous don de Ton Esprit de clarté et de fidélité, d'évidence et de

Choisis la vie !

sincérité, qu'Il nous aide à nous choisir de nouveau et à poursuivre avec profit notre route commune.

Amen.

Écoutons-nous les uns les autres

Décisions quotidiennes en famille

Dieu de miséricorde,
Dans la famille, il y a chaque jour des décisions à prendre : les travaux de l'appartement, les démarches administratives, l'organisation du temps libre et des vacances...
Or il me semble que nous n'avons pas de discussions franches à propos de nos décisions.
J'éprouve parfois un sentiment de solitude.
Mon partenaire m'incite à faire à mon idée, mais j'aimerais le consulter.
D'ailleurs, il me laisse aussi entendre que j'ai tendance à lui abandonner les décisions, à m'en décharger sur lui sans lui en parler.
Je me présente devant Toi avec notre quotidien et toutes les décisions qu'il requiert.
Bénis nos décisions.
Et montre-nous ce que nous devons changer ou éclaircir afin de mieux com-

muniquer entre nous et d'affronter plus efficacement les défis quotidiens.

Parfois, nous sommes paralysés à l'idée de nous blesser mutuellement par nos décisions parce que nous ne voulons pas renoncer à nos habitudes de pensée.

Rends notre cœur attentif à l'autre, que nous soyons capables d'écouter Ta voix, qui nous dit comment vivre en accord les uns avec les autres.

Amen.

Apporte-nous Ta force maternelle

Les enfants

Sainte Vierge,
Tu sais ce que c'est d'avoir un fils qui prend des décisions contraires à ce que Tu attendais : Jésus est resté à Jérusalem sans vous en avertir, Joseph et Toi. Son choix T'a blessée.

Tu sais ce que ressentent les parents lorsqu'ils ne comprennent pas leurs enfants, lorsqu'ils doivent prendre des décisions sans être sûrs qu'elles soient justes.

Nous craignons parfois d'être trop stricts. Pourtant nous pensons qu'il faut fixer des limites et choisir une ligne de conduite claire et cohérente en matière d'éducation.

Or nous avons du mal à nous en tenir à nos décisions. Nous n'avons que trop tendance à faire machine arrière quand les enfants se plaignent ou nous reprochent d'être rétrogrades, de ne pas réagir comme les autres parents.

Vierge Marie, communique-nous un

Choisis la vie !

peu de Ton esprit maternel, qui accepte l'enfant tel qu'il est, l'exhorte et l'encourage.

Donne-nous l'assurance que la bénédiction de Dieu accompagne et protège nos enfants, et qu'un ange les assiste et les suit même lorsqu'ils font des détours ou se trompent de chemin.

Soutiens-nous de Ta force maternelle et intercède auprès de Dieu afin que nous prenions toujours les bonnes décisions concernant nos enfants.

Amen.

Écouter ce que Tu veux de moi

Accepter un poste de responsabilité

Dieu de bonté et de miséricorde,
L'entreprise m'a proposé de prendre davantage de responsabilités. Les membres de l'association souhaitent que je devienne leur président. Le parti me pousse à me présenter aux élections.

D'un côté, je me sens honoré, mais de l'autre, j'ai peur de ne pas être à la hauteur de ces responsabilités, de ne pas savoir diriger et de commettre des erreurs.

Je crains que cette tâche ne me conduise à négliger ma famille.

Je suis tiraillé, je ne sais pas quoi faire.

On m'incite à accepter l'offre, mais je ne sais pas quelle décision prendre. Je préférerais mener une vie plus agréable. Nous avons suffisamment d'argent. Pourtant je ressens également le désir d'assumer davantage de responsabilités, au profit de l'entreprise, bien sûr, mais aussi de la société.

Choisis la vie !

S'agit-il juste d'ambition, de fierté ? Où est l'humilité dans tout cela ?

Dieu de bonté, éclaire-moi afin que, dans mes réflexions, je sente ce que Tu attends de moi.

Parle-moi, donne-moi la clarté de vue et la confiance nécessaires pour que je puisse me décider sans craindre la réaction des autres.

Apporte-moi Ton soutien afin que ma décision se révèle fructueuse pour moi, pour ma famille et pour mon entourage.

Amen.

Conduis-nous vers plus de vie

Avant de déménager

Dieu de bonté et de miséricorde,

Mon mari s'est vu proposer par son entreprise un poste de responsabilité qui supposerait de déménager dans une autre ville.

Ce serait sûrement une bonne chose pour lui. Mais pour ma part, je crains de me sentir seule dans notre nouvel environnement.

Je serai obligée de quitter le cercle d'amis dans lequel je suis si bien.

Je m'inquiète aussi pour les enfants. Ils auront à changer d'école, ils perdront leurs amis, quitteront l'équipe de sport et la paroisse dans lesquelles ils sont intégrés.

Devons-nous leur infliger cela ?

Avant que nous nous décidions, je Te demande de nous donner le courage de discuter à cœur ouvert de toutes ces questions en famille.

Aide-nous à nous écouter les uns les

Choisis la vie !

autres et à entendre ce que Tu as à nous dire au sein de nos échanges.

Donne-nous aussi le courage de prendre une décision qui profite à toute la famille.

Montre-nous jusqu'où ce défi est bon pour nous et à partir de quel moment il dépasse nos forces.

Fais-nous prendre la décision qui nous mènera vers plus de vie, de liberté et d'amour.

Amen.

*Être source de bienfait
pour soi et les autres*

Avant de choisir des études ou une formation

Dieu de bonté et de miséricorde,

Je ne sais pas quelle formation entreprendre, je ne sais pas quelle filière choisir.

Il y a tant de possibilités – mais aucune assurance que je me féliciterai de mon choix et que je trouverai un emploi satisfaisant.

Je ne sais pas non plus quel est le domaine qui me convient et j'ignore si je réussirai ma formation.

Tout ce que je sais, c'est que je dois me décider.

Je sais aussi que je n'ai pas envie d'abandonner ma formation au bout de deux ans pour en choisir une autre.

Je Te demande donc, Dieu de bonté, de m'aider dans ma décision.

Envoie-moi Ton Saint-Esprit, que je trouve en moi la paix et la clarté de vue qui me permettront de bien choisir.

Donne-moi l'assurance que Tu béniras ma formation, qu'elle me fera évoluer,

Choisis la vie !

extérieurement et intérieurement, qu'elle me sera bénéfique et me permettra, en retour, de faire du bien autour de moi.
Amen.

*Un avenir fructueux
pour nous et les autres*

Décisions de groupe

Seigneur Jésus,

Tu as vu Tes disciples se disputer, être en désaccord et méconnaître bien souvent Ton message.

Tu sais donc ce qu'il en est de notre groupe. Quoique ses membres soient animés de bonnes intentions, chacun est motivé par ses propres intérêts. Certains prétendent s'en tenir aux faits, mais leur argumentation cache des objectifs personnels.

J'ai souvent beaucoup de mal à rassembler les aspirations de chacun pour arriver à une décision claire.

Envoie-nous Ton Saint-Esprit, Ton esprit de conciliation, qui nous épargnera les disputes, et Ton esprit de clarté afin que les débats produisent un résultat clair et acceptable pour tous.

Envoie-nous Ton esprit de liberté pour que nous nous libérions de nos intérêts privés et que nous décidions véritablement au bénéfice de tous.

Choisis la vie !

Aide-nous à prendre les décisions qui amélioreront notre avenir et celui des autres.
Amen.

Comprendre Ta volonté

Décisions de conscience

Dieu de bonté et de miséricorde,
Tu connais mes pensées et mes réflexions. Tu vois dans mon cœur et Tu sais ce qui lui convient.

Je suis déchiré intérieurement.

Je connais Tes commandements, je connais les règles auxquelles je dois obéir.

Mais je sens aussi que les directives extérieures ne me suffisent pas, que les commandements ne me permettent pas de prendre une décision claire.

Il me faut comprendre quelle est vraiment Ta volonté, comprendre ce qui est le plus juste pour moi-même et pour ceux qui seront affectés par ma décision.

Je me présente devant Toi avec toutes mes réflexions, tous mes doutes et mes sentiments.

Fais-moi pénétrer au fond de mon âme pour y découvrir, en cet instant même, Ta volonté.

Donne-moi suffisamment de confiance pour me décider en fonction de Ta

Choisis la vie !

volonté, même si je dois pour cela enfreindre des règles extérieures et subir la critique parce que ma décision n'est pas conforme aux normes.

Je me sens vulnérable en obéissant à ma conscience.

Donne-moi la lucidité et le courage nécessaires pour entendre la voix qui parle au fond de mon âme, celle qui est en accord avec mon être le plus intime.

Amen.

Montre-moi le chemin

Décision existentielle

Dieu de miséricorde,
Je dois choisir entre la voie du mariage et de la famille et celle du célibat dans la prêtrise ou les ordres.

Je me sens attiré par la vie spirituelle, mais j'aspire aussi au refuge de la famille et de l'amour.

Quand je me représente la vie monastique, je ne sais si mon attirance est le fruit de mon ambition spirituelle ou si elle constitue véritablement une réponse à Ton appel.

Quand je me vois marié, occupant un emploi profane, je me demande si je ne cherche pas à suivre la voie la plus facile.

Ces deux possibilités me remplissent de doutes. Je ne sais pas ce que Tu attends de moi. Et je ne sais pas si je peux me fier à mes sentiments, si Tu me parles vraiment à travers eux ou s'il s'agit d'une illusion.

Je me présente donc devant Toi avec le choix que j'ai à faire.

Choisis la vie !

Je m'en remets à Ton jugement. Je suis prêt à obéir à Ta volonté. Montre-moi, dans la prière, quelle voie choisir.

Indique-moi quand le moment sera venu de me décider et de sauter le pas.

Donne-moi aussi la patience d'attendre si, malgré la prière et la méditation, aucune voie ne se dessine clairement.

Laisse agir en moi Ton Saint-Esprit jusqu'à ce qu'une décision mûrisse en mon sein.

Et donne-moi le courage d'oser m'engager, avec Ta bénédiction, sur la voie que Tu m'as indiquée comme étant la plus juste pour moi.

Amen.

Notes

1. Les références bibliques sont empruntées à la traduction de la Bible de Jérusalem. (*Les notes sont de la traductrice.*)
2. Ulrich Wickert, *Das Buch der Tugenden* [Le Livre des vertus], Hambourg, 1995, p. 12. Ulrich Wickert est un journaliste politique et littéraire.
3. Josef Pieper, *Traktat über die Klugheit* [Traité de l'intelligence avisée], Munich, 1949, p. 28. Le philosophe catholique allemand Josef Pieper (1904-1997) est un grand connaisseur de l'œuvre de Thomas d'Aquin. Plusieurs de ses ouvrages ont été traduits en français.
4. *Ibid.*, p. 30.
5. *Ibid.*, p. 39.
6. *Ibid.*, p. 60.
7. Johann Baptist Metz, « La décision », dans Heinrich Fries (éd.), *Encyclopédie de la foi*, Paris, Le Cerf, 1965-1967, t. I, p. 326.
8. *Ibid.*
9. *Ibid.*
10. *Ibid.*, p. 329.
11. Tomáš Halík, « Eine Macht über der Macht. Zu Guardinis Vision der Postmoderne » [Une puissance au-dessus de la puissance. La vision des postmodernes chez Guardini], *zur debatte*, 7, 2010, p. 5.
12. *Ibid.*
13. *Ibid.*, p. 2.

Choisis la vie !

14. *La Règle de saint Benoît*, trad. A. de Vogüé, Paris, Le Cerf, 1972, t. I, prologue, p. 425.

15. Urs Meier, *Du bist die Entscheidung. Schnell und entschlossen handeln* [Tu es la décision. Agir avec promptitude et détermination], Francfort, 2008, p. 143. Le Suisse Urs Meier est un ancien arbitre de football ; instructeur sollicité pour son expertise, il intervient fréquemment dans les séminaires d'entreprise.

16. *Ibid.*, p. 148.

17. *Ibid.*, p. 149.

18. Carl Gustav Jung, *Mensch und Seele* [L'homme et l'âme, recueil d'écrits], Olten, 1971, p. 169.

19. Josef Pieper, cité dans Ulrich Wickert, *Das Buch der Tugenden*, *op. cit.*, p. 260.

20. Urs Meier, *Du bist die Entscheidung*, *op. cit.*, p. 26.

21. *Ibid.*, p. 15 et suiv.

22. Stefan Kiechle, *Sich entscheiden* [Se décider], Würzburg, 2004, p. 34.

23. *Ibid.*, p. 37.

24. *Ibid.*, p. 39.

25. Hans Jonas, *Le Principe responsabilité : une éthique pour la civilisation technologique*, trad. Jean Greisch, Paris, Le Cerf, 2009 [1990].

26. *Ibid.*, p. 200.

27. Hans Jellouschek, *Die Kunst, als Paar zu leben* [L'art de vivre en couple], Stuttgart, 2005, p. 56.

28. *Ibid.*, p. 50.

29. *Ibid.*, p. 51.

30. *Ibid.*, p. 53.

31. *Ibid.*, p. 54.

32. *Ibid.*, p. 55.

33. *Ibid.*

34. *Ibid.*, p. 57.

35. Kay Pollak, *Für die Freude entscheiden. Gebrauchsanweisung für ein glückliches Leben* [Choisir la joie. Mode d'emploi pour une vie heureuse], Munich, 2008.

36. *Ibid.*, p. 22

Notes

37. *Ibid.*, p. 37.
38. Bernhard Waldmüller, *Gemeinsam entscheiden* [Décider ensemble], Würzburg, 2008, p. 13.
39. *La Règle de saint Benoît, op. cit.*, p. 453.
40. Cité dans Richard Heinzmann, « Der Mensch als Person. Zum Verständnis des Gewissens bei Thomas von Aquin » [L'homme en tant que personne. La conception de la conscience chez Thomas d'Aquin], dans Johannes Gründel (éd.), *Das Gewissen. Subjektive Willkür oder oberste Norm ?* [La conscience. Arbitraire subjectif ou norme suprême ?], Düsseldorf, 1990, p. 49.
41. *Ibid.*
42. *Ibid.*, p. 50.
43. *Ibid.*, p. 59.
44. Johannes Gründel, « Verbindlichkeit und Reichweite des Gewissensspruches » [Engagement et portée de la connaissance appliquée], dans Johannes Gründel (éd.), *Das Gewissen, op. cit.*, p. 100.
45. Cité dans Franz Wiedmann, « Die Strategie des Gentleman. John Henry Newmans Gewissensposition » [La stratégie du gentleman. La conscience selon John Henry Newman], dans Johannes Gründel (éd.), *Das Gewissen, op. cit.*, p. 82.
46. *Ibid.*
47. Johannes Gründel, « Verbindlichkeit und Reichweite... », art. cité, p. 103.

Bibliographie

Gründel Johannes, « Verbindlichkeit und Reichweite des Gewissensspruches » [Engagement et portée de la connaissance appliquée], dans Johannes Gründel (éd.), *Das Gewissen. Subjektive Willkür oder oberste Norm ?* [La conscience. Arbitraire subjectif ou norme suprême ?], Düsseldorf, 1990, p. 99-126.

Halík Tomáš, « Eine Macht über der Macht. Zu Guardinis Vision der Postmoderne » [Une puissance au-dessus de la puissance. La vision des postmodernes chez Guardini], *zur debatte*, 7, 2010, p. 1-5.

Heinzmann Richard, « Der Mensch als Person. Zum Verständnis des Gewissens bei Thomas von Aquin » [L'homme en tant que personne. La conception de la conscience chez Thomas d'Aquin], dans Johannes Gründel (éd.), *Das Gewissen, op. cit.*, p. 34-52.

Jellouschek Hans, *Die Kunst, als Paar zu leben* [L'art de vivre en couple], Stuttgart, 2005.

Jonas Hans, *Le Principe responsabilité : une éthique pour la civilisation technologique*, trad. Jean Greisch, Paris, Le Cerf, 2009 [1990].

Choisis la vie !

Jung Carl Gustav, *Mensch und Seele* [L'homme et l'âme, recueil d'écrits], Olten, 1971.

Kiechle Stefan, *Sich entscheiden* [Se décider], Würzburg, 2004.

La Règle de saint Benoît, trad. A. de Vogüé, Paris, Le Cerf, 1972, 7 vol.

Meier Urs, *Du bist die Entscheidung. Schnell und entschlossen handeln* [Tu es la décision. Agir avec promptitude et détermination], Francfort, 2008.

Metz Johann Baptist, « La décision », dans Heinrich Fries (éd.), *Encyclopédie de la foi*, Paris, Le Cerf, 1965-1967, 4 vol.

Pieper Josef, *Traktat über die Klugheit* [Traité de l'intelligence avisée], Munich, 1949.

Pollak Kay, *Für die Freude entscheiden. Gebrauchsanweisung für ein glückliches Leben* [Choisir la joie. Mode d'emploi pour une vie heureuse], Munich, 2008.

Rahner, Karl, « Tod » [La mort], dans Karl Rahner, Adolf Darlap (éd.), *Sacramentum Mundi. Theologisches Lexikon für die Praxis* IV [Sacramentum Mundi. Dictionnaire de théologie pratique], Fribourg-en-Brisgau, 1969, p. 920-927.

Waldmüller Bernhard, *Gemeinsam entscheiden* [Décider ensemble], Würzburg, 2008.

Wickert Ulrich, *Das Buch der Tugenden* [Le Livre des vertus], Hambourg, 1995.

Wiedmann Franz, « Die Strategie des Gentleman. John Henry Newmans Gewissensposition » [La stratégie du gentleman. La conscience selon John Henry Newman], dans Johannes Gründel (éd.), *Das Gewissen, op. cit.*, p. 71-84.

Table

Introduction. Choisis la vie.................. 7

1. La décision dans l'évangile selon saint Luc..................... 11
2. L'homme est décision 29
3. Obstacles à la décision.................... 37
4. Aides à la décision 53
   Changer ses représentations................. 54
   Décision et prière............................ 60
   Exercices pratiques........................... 70
5. Décision et responsabilité............... 81
6. Décision et rituels 89
7. Les différentes catégories de décisions....................................... 97
   Choisir sa vie 97
   Décider au sein du couple................. 104
   Décider au travail............................. 110
   Décider au quotidien 115
   L'attitude face à l'existence.............. 122
   Décider en commun............................ 132
   Décider en son âme et conscience 138

En guise de conclusion. Chaque jour apporte ses décisions................ 147

Prières.. 151

Notes 193
Bibliographie...................................... 197

DU MÊME AUTEUR

aux Éditions Albin Michel

Se réconcilier avec la mort
2009

L'Art de bien vieillir
2008

L'Art de vivre en harmonie
2004

*Petite méditation sur les mystères
de l'amitié*
2004

Invitation à la sérénité du cœur
2002

*Petit manuel de la guérison
intérieure*
2001

Chacun cherche son ange
2000

*Petite méditation
sur les fêtes de Noël*
1999

*Petit traité de spiritualité
au quotidien*
1998

Par Freddy Derwahl

Anselm Grün, une sagesse pour tous
Biographie, 2010

Composition Nord Compo
Impression CPI Bussière en novembre 2013
à Saint-Amand-Montrond (Cher)
Éditions Albin Michel
22, rue Huyghens, 75014 Paris
www.albin-michel.fr

ISBN : 978-2-226-24191-7
N° d'édition : 20165/03. – N° d'impression : 2006400.
Dépôt légal : juin 2012.
Imprimé en France.